AF222401

Rinus Ritter

Nach ihrem Tod

Eine Besinnung

BBibliografische Information der Deutschen Nationalbibliothek: Die Deutsche Nationalbibliothek verzeichnet diese Publikation in der Deutschen Nationalbibliografie; detaillierte bibliografische Daten sind im Internet über dnb.dnb.de abrufbar.

Die automatisierte Analyse des Werkes, um daraus Informationen insbesondere über Muster, Trends und Korrelationen gemäß §44b UrhG („Text und Data Mining") zu gewinnen, ist untersagt.

© 2025 Rinus Ritter

Verlag, Umschlaggestaltung:
BoD · Books on Demand GmbH,
Überseering 33, 22297 Hamburg, bod@bod.de

Druck:
Libri Plureos GmbH, Friedensallee 273, 22763 Hamburg

ISBN: 978-3-7693-7482-7

*Leg alles still
in Seine Hände,
das Glück, das Leid,
den Anfang und das Ende*

In

Seit ihrem Tod frage ich mich: was ist Erinnerung, und wie geht Erinnerung? Ist Erinnerung die Kerze, die am Abend auf der Fensterbank von mir angezündet wird? Auf der Fensterbank vor jenem Fenster im Wohnzimmer unseres Hauses, vor dem das Krankenbett gestanden hat und von dem aus sie mit dem Blick auf unseren Garten ihre letzten Tage zubringen konnte? Ist Erinnerung das, was mir seit ihrem Tod durch den Kopf geht? Oder sind Erinnerungen die vielen wunderbaren und die wenigen schrecklichen Tage, die ich mit ihr erlebt habe, Tage, die es jetzt nicht mehr gibt, gute wie auch schlimme? Mein Herz ist voller Erinnerungen an den liebenswertesten Menschen, den ich gekannt habe, den ich lieben durfte, der mir seine Liebe geschenkt hat – und an den sich nach meinem Tod kaum noch jemand erinnern wird, weil unsere Familie so klein geworden ist. Das zu verhindern ist der tiefere Sinn der Verfassung von Erinnerungen und der Anlass, sie in diesem Buch festzuhalten.

An einer Wand meines Arbeitszimmers hängt eine Fahne aus kräftigem Papier mit zwei Bildern, ihren Daten und einem Spruch. Das Bild oben auf dieser Fahne zeigt einen reifen Löwenzahn, von dem schon eine Reihe Samen weggeweht werden. Dann folgen ihr Name, ihr Geburts- und Todesdatum und ein schönes Bild von ihr, das wenige Jahre vor ihrem Tod aufgenommen worden ist. Den Abschluss der Fahne bildet ein

Spruch, von dem ich glaube, er passt zu ihrem Leben: Leg alles still in Seine Hände, das Glück, das Leid, den Anfang und das Ende.

Nicht nur diese Fahne befindet sich an jedem Tag vor meinen Augen; es ist das ganze Haus, das ihr Wesen und ihr Wirken atmet, ein Haus, das wir gerade erbaut vor über fünfzig Jahren erworben, ausgestattet und umgebaut haben, und das seit ihrem Tod vor sieben Jahren an ihr Leben erinnert. So sehr ich in diesen Jahren um sie getrauert habe: Ich liebe das Gedenken an sie, weil ich sie und ihre Gegenwart über alles geliebt habe, als sie noch gelebt hat. Erinnerungen an sie und ihre Liebe halten mich fest, halten mich noch am Leben, geben mir die Kraft, meine letzten Lebensjahre so zuzubringen, wie sie das auch für sich gewünscht hatte. Sie hat in ihrem Leben mit mir zusammen so manchen Schicksalsschlag hingenommen, an dem sie hätte verzweifeln können. Jene Unglücke, die sie noch hätte erleben müssen, hätte sie ihre Krebserkrankung überstanden, sind ihr Gott sei Dank erspart worden: mein völlig verändertes Dasein nach einer Herzoperation und zwei Operationen an meiner Wirbelsäule unmittelbar nach ihrem Tod – und vier Jahre später der plötzliche Tod eines unserer Kinder. Ihr Leben ist durch etliche Unglücke geprägt worden, zuletzt ihr Sterben nach einem fast fünf Jahre währenden Kampf gegen den Krebs. Ob sie das hätte erdulden können, was danach noch geschehen ist, weiß ich natürlich nicht. Ich befürchte, diese Ereignisse hätten den vorhandenen tiefen Spuren in ihrem Herzen weitere hinzugefügt, sie hätten ihre seelischen Kräfte und ihren wunderbaren Lebensmut auf eine weitere harte Probe gestellt. Jenen Lebensmut, den ich so sehr an ihr bewundert, den ich so sehr geliebt habe! Der schon in den Jahrzehnten zuvor unsere Familie immer wieder vor dem Absturz in die Verzweiflung bewahrt hat ...

Seit ihrem Tod lebe ich allein in unserem Haus, einem Haus, das wir einmal erworben haben, um es als Heimat für eine große Familie herzurichten. Als wir endlich zusammenleben konnten, haben wir von vier oder fünf Kindern geträumt, die wir groß-ziehen wollten und die in ferner Zukunft selbst ihre eigenen Familien haben würden. Das waren wunderschöne Träume in einer sehr glücklichen Zeit. Was ist aus diesen Träumen ge-worden? Unser seit seiner Geburt schwerbehinderter Sohn hat keine eigene Familie gründen können, er lebt in einem Pflegeheim. Unsere ältere Tochter lebt mit ihrem Mann und zwei Enkelkindern weit entfernt in einer Millionenstadt. Sie hat in ihrer Ehe jedoch nicht ähnlich glücklich werden können wie ihre Mutter. Unsere geistig beeinträchtigte jüngere Tochter hat nur ein sehr eingeschränktes eigenes Leben führen können; sie ist vor über zwei Jahren an ihrem Lebensort an einem Gehirn-schlag verstorben.

Seit sieben Jahren lebe ich jetzt allein. Was Alleinsein bedeutet, wie sich Alleinsein anfühlt, habe ich mir früher — eine kurze Zeit des Anfangs meines Studiums ausgenommen — nie vorstellen können. Ich habe auch nie Anlass gehabt, darüber nachzudenken, seitdem ich mit Anna zusammenleben konnte. Im ersten halben Jahr nach ihrem Tod habe ich mir gewünscht, das Schicksal möge mir einen schnellen Tod bescheren. Doch so unberechenbar, wie Anna und ich das Schicksal erlebt haben, hat es nicht entfernt daran gedacht. Das Gegenteil ist geschehen: drei Operationen unmittelbar nach ihrem Tod haben meine Trauer und meine Todesgedanken beiseite gefegt. Die letzten sieben Jahre habe ich mit einem Wirbelimplantat, mit mechanischen Versteifungen und Verschraubungen an meiner unteren Wirbelsäule, mit ständigen Schmerzen im Rücken, mit einem Rollator sowie mit einem Herzen, das nur noch die Hälfte dessen leisten kann, was notwendig ist, bewältigen müssen. Mir ist die Aufgabe geblieben, unser einstmals so mit vollem Leben erfülltes und jetzt so leeres großes Haus und unseren Garten zu erhalten. Wegen der körperlichen Behinderungen, die ich aus meinem Leben davor überhaupt nicht kenne, an dieser Aufgabe nicht zu verzweifeln, habe ich allein Anna zu verdanken, ihr und meinen Erinnerungen an sie.

Was mir in dieser neuen Lebenslage hilft, ist die finanzielle Unabhängigkeit, die wir uns im Lauf unseres Lebens nach Zeiten der Armut, nach Niederschlägen, nach beruflichen und nach familiären Problemen erarbeitet haben. Geldprobleme, die die Anfangszeit unserer Beziehung begleitet haben, sind in den letzten dreißig Jahren unseres gemeinsamen Lebens nicht mehr aufgetreten; auch jetzt im Alter gibt es sie nicht für mich. In meiner Kindheit, in meiner Studienzeit und noch etliche Jahre danach ist das anders gewesen, da sind immer wieder Zeiten vorgekommen, in denen jeder Groschen zweimal umgedreht werden musste, bevor er ausgegeben werden konnte. Ich weiß nicht, ob wir früher, als Anna noch gelebt hat, alles das, was uns passiert ist, hätten bewältigen können, hätten wir zu all den Sorgen, die das Schicksal für uns bereit gehalten hat, auch noch bleibende Geldsorgen gehabt! Denn dem zufolge, was das Schicksal für unsere Familie vorgesehen hat, hätten finanzielle Sorgen zu unserem Alltag gehören können, ja, gehören müssen. Doch im Unterschied zu vielen anderen Menschen auf der Erde haben wir in einer sozialen Gemeinschaft leben dürfen, die meiner Familie große Geldsorgen erspart hat. Wir haben drei Kinder, von denen zwei vom Schicksal mit einem Handicap versehen worden sind, das ihnen ein selbständiges Dasein unmöglich macht. Ihnen ein menschenwürdiges Leben und eine Teilhabe an unserer Gesellschaft bieten zu können, hätte unsere psychischen und unsere finanziellen Kräfte bei Weitem überfordert. Dass unsere Kinder, dass wir als Familie zu manchen Zeiten dennoch sorgenfrei leben konnten, dafür sind wir der sozialen Gemeinschaft, in der wir leben, immer sehr dankbar gewesen. Weder Anna noch ich konnten verstehen, wenn gedankenlose Menschen unser Sozialsystem wegen einiger Mängel in Bausch und Bogen verurteilt haben. Wir mochten uns gar nicht vorstellen, wie unser Leben ohne die uns gewährten Hilfen ausgesehen hätte.

1

„Leg alles still in Seine Hände, das Glück, das Leid, den Anfang und das Ende". Was ich gerade noch als Schicksal bezeichnet habe, wird auch Gottes Wille oder Gottes Fügung genannt. Jetzt am Ende meines Lebens stelle ich mir nach dem, was uns und unserer Familie widerfahren ist, die Frage, ob wir eine Beziehung zu einem Gott, zu einer höheren Allmacht hatten. Ich bin mir keineswegs sicher, weiß aber, zu jenem von den protestantischen und den katholischen Kirchenkanzeln herab verkündeten strafenden Gott sicher nicht. Die im christlichen Abendland praktizierte Gestalt einer Religiosität gehört zu jenen Lebensformen, die mich früher wie heute eigentlich nur am Rande interessiert haben. Mein Verhältnis zu dem, was ich bei anderen als Gläubigkeit gesehen habe, ist deshalb immer ziemlich distanziert gewesen. Christliche Lebensauffassungen dagegen sind für mich immer unverzichtbare Bestandteile meines Wollens und Handelns gewesen.

Meine Beziehung zur Religion ist durch zwei Lebensphasen geformt worden: in meiner Kindheit und Jugend durch die Geschichte meiner Elternfamilie und in meiner Zeit als junger Erwachsener durch mein Studium der Naturwissenschaften, dann aber durch das stille und duldsame Verständnis Annas. Anna stammt wie ich aus einer protestantischen Familie, in der

Religiosität keine sonderlich bedeutende Rolle gespielt hat. Jedenfalls nicht in den Jahrzehnten, in denen ich ihre Familie gekannt habe. Ihr jüngerer Bruder ist in den Jahren seiner schwierigen und unsteten Berufsfindung eine Zeit lang Diakon gewesen. Das hat sich aber nicht auf dessen Alltag in seiner eigenen Familie und auf die Beziehung zu seinen Eltern und Geschwistern ausgewirkt. Im Gegenteil, sein störrischer Charakter hat bald zu einer sehr unchristlich abgelaufenen Scheidung von seiner Frau und zur Trennung von seinen Kindern geführt.

Ob Anna in ihrer Kindheit und Jugend eine besondere Beziehung zu religiösen Fragen gehabt hat, entzieht sich weitgehend meiner Kenntnis. Von früher Kindheit an hat sie ganz andere Probleme in ihrer Elternfamilie erleben müssen, Probleme, unter denen sie zu leiden hatte. Soviel ich weiß, hat sie bis auf das kindliche Abendgebet keinen weiteren Trost im Glauben gesucht. Auch später, als das Schicksal es mit ihr, mit ihren Eltern und Geschwistern, später mit der zusammen mit mir gegründeten eigenen Familie wirklich nicht gut gemeint hat, hat sie keinen Gott für ihren Kummer verantwortlich gemacht. Vor dem Einschlafen haben wir zwar manches Abendgebet gesprochen oder gedacht, als Schicksalsschläge unsere Familie heimgesucht haben und wir zutiefst verzweifelt waren, mehr aber nicht. In den vielen Briefen, die sie mir nach dem stürmischen Beginn unserer Beziehung in der über zwei Jahre währenden Zeit unserer unfreiwilligen Trennung geschrieben hat, ist nur selten das Wort Gott vorgekommen.

Dennoch muss in ihrem Herzen das Gefühl für eine höhere Allmacht vorhanden gewesen sein. Davon habe ich aber erst nach ihrem Tod erfahren, als ich ein Tagebuch von ihr vorgefunden habe, das aus der Zeit unseres Kennenlernens stammt und das mir vorher nicht bekannt gewesen ist.

In diesem Tagebuch hat sie nur wenige Jahre ihres Lebens festgehalten: zweieinhalb Jahre vor und ein Jahr nach unserem Kennenlernen. Es ist die Zeit der Suche nach einem Partner und die Zeit einer wilden Achterbahnfahrt ihres Gefühlslebens gewesen. Wie sie in ihrer ersten Eintragung geschrieben hat, wäre das Tagebuch vorwiegend dazu da, die Sorgen um ihre Familie, um ihre Eltern und ihre Geschwister und die Rolle der Partnerschaft in einem künftigen Leben aufzunehmen. In dieser Zeit hat Gott keine Rolle gespielt. Erst nach ihrem Vordiplomexamen, als sie gerade dreiundzwanzig Jahre alt geworden war und auf ihrer Suche nach einem Partner schon etliche Enttäuschungen hinter sich hatte, hat sie folgende Sätze in ihr Tagebuch geschrieben:

Ich danke Gott jeden Tag aufs Neue, dass er mir RiRi zugeführt und uns dieses Glück geschenkt hat. Ich fühle mich so sehr beschenkt und von Gott gesegnet, dass ich nicht zu danken weiß für diese unverdiente Güte. Mein innigster Wunsch ist nur, dass wir uns dieser Güte für würdig erweisen und sie stets dankbar zu schätzen wissen. Erst, seitdem ich RiRi liebe, kommt mir mein Leben sinnvoll vor, und ich weiß, dass nichts so schwer sein kann, als dass wir es nicht gemeinsam tragen können. Rings um mich herum zerbrechen Beziehungen, während ich so glücklich sein darf.

Erst viel später ist mir aufgefallen, dass Anna wie in ihrem Tagebuch auch in ihrem späteren Leben nur dann von Gott gesprochen hat, wenn sie glücklich gewesen ist. Das Negative, das sie erlebt hat, hat sie mir und auch anderen gegenüber nie einem Gott angelastet. Etwa ein Jahr, nachdem wir uns getroffen haben, bricht ihr Tagebuch ab; nie wieder in ihrem Leben hat sie dort eine Eintragung hinterlassen. Über diesen Sachverhalt habe ich jetzt in den letzten Jahren, nachdem sie verstorben war und ich ihr Tagebuch zum ersten Mal in der Hand gehabt habe, lange nachdenken müssen. Denn es hat in den sechsundfünfzig Jahren unseres Zusammenlebens wahrlich viele Gründe und Gelegenheiten gegeben, ihre Sorgen ihrem Tagebuch anzuvertrauen. Das ist aber nicht geschehen. Ich glaube, ihre Seele hat spätestens nach unserer Hochzeit ihre Ruhe finden können, hat spätestens dann ihren Frieden mit den Fügungen des Schicksals machen können. Dennoch hat mich nach dem Auffinden ihres Tagebuches sehr gewundert, dass die Schicksalsschläge, die sie und unsere eigene Familie nach unserer Hochzeit heimgesucht haben, zu keinem Zeitpunkt mehr Anlass zu einer Eintragung in ihr Tagebuch geworden sind. Nur vier Jahre nach der letzten Eintragung in ihr Tagebuch ist die katastrophale Geburt unseres ersten Kindes geschehen. Doch schon zu diesem Zeitpunkt hat ihre Seele keinen Trost mehr in ihrem Tagebuch suchen müssen, schon da sind ihr meine Gegenwart, meine Liebe und das Leben mit mir offenbar Halt und Trost genug gewesen.

Ich denke, meine Art der Beziehung zu Gott und meine Vorstellung vom Wesen einer höheren Allmacht haben ihr dabei helfen können. In unseren stillen Nachtstunden haben Anna und ich oft über die Fügungen des Schicksals nachdenken müssen. Doch nie hat es bei uns eine Diskussion über das Warum gegeben, warum das Schicksal diese Unglücke für uns vorgesehen hat. Wir hatten uns den Gebräuchen der damaligen Zeit angepasst: wir haben uns standesamtlich und kirchlich trauen lassen, unsere Kinder sind getauft, unsere Töchter sind konfirmiert. Obwohl wir absolut keine guten Kirchgänger gewesen sind, haben wir nie den Sinn und die soziale Bedeutung kirchlicher Institutionen in Frage gestellt. Erst recht nicht, als wir auf deren Existenz und Hilfe angewiesen waren. Ich bin überzeugt, dass die religiöse und vor allem die menschliche Sozialisation in meiner Elternfamilie dazu beigetragen haben, Anna mit einem festgefügten Katalog christlicher, ethischer und preußisch-protestantischer Lebenseinstellungen begegnen zu können. Ich glaube, mit meinen Ansichten zur Lebenswirklichkeit hat Anna nie ein Problem gehabt; ich denke, sie sind zusammen mit meiner Liebe zu ihr der Ruhepol geworden, von dem aus sie ihr Schicksal bewältigt hat, von dem aus sie mir so unglaublich viel Liebe hat zurückgeben können.

Denn ich bin mit christlichen Lebenseinstellungen aufgewachsen, in denen die Toleranz einen breiten Raum eingenommen hat, eine Toleranz, die in der religiösen Vorgeschichte meiner Elternfamilie wurzelt. Aus zwei Gründen bin ich mit dem Schisma des Christentums, der katholischen und der evangelischen Glaubensrichtung, seit meiner frühen Jugend vertraut gewesen. Mein Vater ist seit dem zwölften Lebensjahr Vollwaise gewesen, er stammt aus einer westfälisch-protestantischen Familie. Meine Mutter ist in einer streng konservativ-katholischen Familie des nördlichen Ruhrgebiets aufgewachsen, seit ihrem zehnten Lebensjahr als Halbwaise. Schon als Jugendliche ist sie durch einen festen Willen aufgefallen und hat als kritisch und manchmal auch aufsässig gegolten. Mit sechzehn Jahren ist sie aus dem kleinbürgerlich-katholischen Milieu ausgebrochen und hat in Berlin, dem protestantischen Sündenbabel der zwanziger Jahre eine Ausbildung zur Krankenschwester aufgenommen. Dort ist sie erwachsen geworden und hat nach etlichen Jahren, von denen ich nur wenig weiß, meinen Vater kennen und lieben gelernt. Sie haben evangelisch geheiratet, meine Mutter ist aus Überzeugung Angehörige der evangelischen Kirche geworden, ihre Kinder sind evangelisch getauft. An irgendwelche Diskussionen religiöser Art in meinem Elternhaus kann ich mich nicht erinnern, obwohl es in den verschiedenen Wohnorten meiner Elternfamilie an Auseinandersetzungen unter den Angehörigen beider christlichen Konfessionen nicht gefehlt hat.

In meiner Elternfamilie hat Toleranz geherrscht, eine Toleranz, mit der ich erwachsen geworden bin.

In meiner Kindheit, der Zeit des zweiten Weltkriegs und der Notjahre danach haben meine Eltern in einem Teil Deutschlands gelebt, der vollständig katholisch geprägt war. Wir Protestanten aus Berlin waren echte Exoten. An einen evangelischen Religionsunterricht in der Schule ist überhaupt nicht zu denken gewesen. So habe ich als Protestant am katholischen Religionsunterricht teilgenommen, so habe ich im katholischen Kinderchor der Gemeinde mitgesungen, so habe ich katholische Gottesdienste besucht. Das alles ist deshalb kein Problem gewesen, weil nicht nur meine Eltern das für gut und richtig empfunden haben, auch der örtliche Pfarrer und der Religionslehrer haben mitgespielt. Ich habe gelernt, dort, wo Protestanten keine Gefahr für die katholische Mehrheit darstellen, ist man tolerant, werden sie geduldet – ganz im Gegensatz zu Gegenden Deutschlands, in denen wir später gewohnt haben, in denen Katholiken und Protestanten als etwa gleichstarke Religionsgemeinschaften noch lange Zeit hart aufeinander geprallt sind.

Als einziger Protestant unter Katholiken bin ich damals in der katholischen Kirchengemeinde zwar willkommen gewesen, an einigen Riten habe ich allerdings nicht teilnehmen dürfen: am Abendmahl und an der Beichte, ganz zu schweigen von der von uns Jugendlichen als Auszeichnung empfundenen Aufgabe als

Messdiener bei Gottesdiensten. Ich erinnere noch, mich damals ausgeschlossen gefühlt zu haben. In dem Dorf, in dem wir lebten, hatte ich auch nur einen einzigen Freund, den ich verloren habe, als er bei einem unserer Kletterabenteuer von einem Baum gestürzt ist. Zuhause ist öfter über die Probleme mit unserer religiösen Umwelt gesprochen worden. Meine Eltern haben mir erklärt, woran das gelegen hat. Dennoch habe ich nie verstanden, weshalb es so etwas wie Auseinandersetzungen unter Christen geben kann.

Diese mir anerzogene Toleranz und die Haltung, die ich danach zu Fragen der Religion eingenommen habe, sind später hilfreich gewesen. Für Christen hat Gott viele Gesichter, strenge und liebevolle, strafende und barmherzige. Der christliche Gott straft, auch dann, wenn der Bestrafte gar nicht begreift, wofür er bestraft wird; er vergibt, auch dann, wenn der Sünder eine Strafe erwartet. Diese unterschiedlichen Bilder eines Gottes haben mich als junger Mensch verwirrt. Bis ich mich entschieden habe: Mein Gott ist ein liebender Gott und nicht jener strafende Gott, der damals von fast allen katholischen Kanzeln, aber auch von mancher protestantischen Kanzel herab verkündet worden ist. Was viele Jahre später gepredigt worden ist, hat mir deshalb besser gefallen, weil der Pastor oder der Pfarrer immer mehr bemüht gewesen ist, die menschliche Seite Gottes bewusst werden zu lassen. Mein religiöses Erwachsenwerden ist mit der Erkenntnis einhergegangen, dass das, was wir als Gott, als höhere Macht empfinden, nicht irgendwo oben im Himmel oder draußen im fernen Universum zu suchen ist, sondern in uns selbst, in unseren Herzen. Unser Herz weiß, was Gut und was Böse ist und wo die Grenze zwischen Gut und Böse verläuft. Vielleicht ist das das wahre Vermächtnis des Reformators Martin Luther: es ist und bleibt in meiner Verantwortung, wie ich mit dem umgehe, was mein Herz mir sagt. Ob ich die Macht meines Herzens zur Unterdrückung anderer missbrauche, oder ob ich diese Macht zur Verantwortung für andere und zur Nächstenliebe einsetze – das entscheide ich allein, das entscheidet keiner sonst. Dafür trage auch nur ich allein die Verantwortung. Ich glaube, eine ähnliche weltanschauliche Lebensmaxime hat auch Anna immer bei sich gehabt, und beide haben wir sie, so gut es ging, gemeinsam verfolgt.

2

Neben dieser Einstellung zu religiösen Fragen ist eine weitere Frage für mich lebensbestimmend geworden: was ist das, was wir als Schicksal bezeichnen? Ich erinnere mich noch an das Buch ‚Zufall und Notwendigkeit': dieses Buch und die darin beschriebene Sicht des Nobelpreisträgers Jaques Monod von der Bedeutung des biologischen Sinns des Lebens hat mich zu einer Zeit gefesselt, als mein Leben von einem ersten Schicksalsschlag in meiner gerade gegründeten eigenen Familie geprägt worden war. In den Jahren vor diesem Schicksalsschlag hatte die damals bestmögliche Ausbildung zu einem Naturwissenschaftler hinter mir gelegen, vor Anna und mir hatte sich eine wunderbare Zukunft ausgebreitet. Jetzt, über fünfzig Jahre später, muss ich über Vieles nachdenken, auch über das, was an dem Schicksal, das uns bevorgestanden hat, Zufall und was Notwendigkeit gewesen ist. Aus heutigem wissenschaftlichem Kenntnisstand betrachtet bedarf manches, was Monod über seine Sicht unseres Daseins als Menschen geschrieben hat, einer Korrektur oder einer Ergänzung. Der Gedanke aber, das Wirken eines Gottes durch den naturwissenschaftlichen Begriff des Zufalls zu ergänzen, ist für mich zwar kein Trost, ist jedoch lange Zeit faszinierend gewesen. Nachdem ich ein ganzes Leben mit Anna hinter mir habe, ist mir erst richtig bewusst geworden, welche Rolle der Zufall in unserem Leben eingenommen hat.

Ich habe mich beispielsweise gefragt, ob die Art, wie Anna und ich zueinander gefunden haben, nur eine Kette von Zufällen gewesen ist, oder ob dahinter eine gleichwie geartete Absicht gesteckt hat. Schon Erinnerungen an die Zeit vor unserer ersten Begegnung, an jene vier Jahre, in denen wir unsere ersten Erfahrungen mit dem anderen Geschlecht gemacht haben, genügen, eine lange Reihe von Zufällen aufzuzählen, Zufälle, die geeignet gewesen waren, eine Begegnung von Anna und mir zu verhindern. Im letzten Jahr vor meinem Abitur hatte ich mich in ein sehr junges Mädchen verliebt. Es ist ein liebes Mädchen mit einem schon weit entwickelten Gefühlsleben gewesen, wir haben uns gut verstanden und gut zusammengepasst, unsere

Eltern hatten gegen diese erste Liebe nichts einzuwenden. Unter anderen Umständen wäre ich mit meiner konsequenten und anhänglichen Art bestimmt bei ihr geblieben. Doch unsere Jugend, die große Entfernung zu meinem Studienort, die vielen Jahre bis zu ihrem Abitur und die Tatsache, dass wir uns in meinen Semesterferien nicht sehen konnten, haben das verhindert. Wären die Umstände günstiger gewesen, wäre der Briefkontakt nicht eingeschlafen, hätte ich mich später sicher nicht für Anna interessiert. Ich glaube, der Briefkontakt ist auch deshalb eingeschlafen, weil mir während des ersten Studienjahres klar geworden ist, einem so jungen Mädchen eine Trennung von mindestens vier Jahren, die sie bis zu ihrem Abitur noch vor sich hatte, nicht zumuten zu können. So hat die erste Liebe meines Lebens kein dramatisches, sie hat ein stilles Ende gefunden.

Zur selben Zeit hat ein nächster Zufall meinem Leben eine Richtung gewiesen. Mein Vater ist während meines letzten Schuljahres schwer erkrankt gewesen und hat ein Vierteljahr lang in einem Krankenhaus um sein Leben und um seine berufliche Stellung kämpfen müssen. Er hat nicht sterben müssen, er hat seine Arbeit behalten können und ich habe meine Träume nicht aufgeben müssen, ich konnte studieren. Zufall? Wäre das nicht so gewesen, wäre mein Vater gestorben oder hätte er seine Stellung verloren, ich hätte kein Studium aufnehmen können und Anna und ich wären uns nie begegnet. Es ist müßig, darüber nachzudenken, was stattdessen in meinem Leben passiert wäre. Vielleicht wäre ich nach meinem Abitur in jener Kleinstadt geblieben, die Beziehung zu meiner jungen ersten Liebe wäre nicht eingeschlafen, mein Leben hätte einen völlig anderen Verlauf genommen.

Als Anna ihr Abitur hinter sich hatte, hat sie sich zu einer Zeit, als das für Mädchen noch ziemlich ungewöhnlich gewesen ist, für ein Studium der Naturwissenschaften entschieden. Obwohl es in der Nachbarschaft ihres Wohnsitzes die eine oder andere Universität gegeben hat, an der sie ein solches Studium hätte aufnehmen können, hat sie eine von ihrem Elternhaus möglichst weit entfernt gelegene Universität gewählt. Warum hat sie das getan? Nach allem, was ich später über ihre Familie erfahren habe, hat sie den Problemen in ihrem Elternhaus entfliehen wollen – nicht nur in irgendein Studium, sondern in ein Studium weit weg. Hätte es die Auseinandersetzungen in ihrem Elternhaus nicht gegeben und wäre sie in einem Elternhaus ähnlich dem meinen aufgewachsen, hätte sie ein Studium in der Nähe aufgenommen. Hätte, hätte ... wir wären uns nie begegnet.

Schon am ersten Tag unseres Studiums haben Anna und ich uns im Hörsaal des mathematischen Instituts gesehen. Wegen der Überflutung der wenigen Universitäten in Deutschland durch die geburtenstarken Vorkriegsjahrgänge ist der Hörsaal übervoll gewesen. Als sie neben mir im Gang an der Fensterseite gestanden hat, habe ich ihr meinen Sitzplatz angeboten. Mit einem Lächeln hat sie dankbar angenommen. Welche Zukunft uns da noch bevorgestanden hat, habe ich nach dieser ersten Begegnung nicht im Entferntesten geahnt. In den Vorlesungen und Übungen danach habe ich sie immer wieder gesehen, habe sie aber nicht weiter beachtet. Denn als Exotin ist sie schnell von meinen älteren Kommilitonen umschwärmt worden. Als gerade noch achtzehnjähriger und damit viel zu junger Student hatte ich genug mit den Schwierigkeiten meines Studiums zu kämpfen. Zum Trost habe ich noch im Briefverkehr mit jener jungen Freundin aus meinem letzten Schuljahr vor dem Abitur gestanden, von der ich oben kurz berichtet habe.

Um der Einsamkeit zu entfliehen, habe ich mich einer Studentengruppe aller Fakultäten angeschlossen. Bei einer Tanzveranstaltung bin ich Anna als Tischdame eines Mitglieds dieser Gruppe wieder begegnet. Wir haben einmal miteinander getanzt. Diese Begegnung ist für mich jedoch nicht weiter bedeutsam gewesen, für Anna schon eher. Das habe ich sehr viel später ihren Tagebuchaufzeichnungen entnommen: *Auf diesem Fest habe ich jenen jungen Studenten gesehen, der mir seinen Sitzplatz angeboten hat, und er hat mich zu einem Tanz aufgefordert. Unter allen anwesenden Studenten hat er mir noch am besten gefallen. Ob ich ihn mögen könnte? Ich weiß es nicht. Ich sollte aufhören, mir über die Liebe weitere Gedanken zu machen.*

Keine weitere Gedanken über die Liebe? Das Gegenteil war der Fall! In den ersten drei Jahren ihres Studiums hat sie viele Gelegenheiten und Erlebnisse gehabt, sich um die Liebe Gedanken zu machen. Ihr Gefühlsleben hat in diesen Jahren eine wilde Achterbahnfahrt absolviert. Wie leicht hätte sie dabei in eine ernste Beziehung hineingeraten können! Es hätte keine Chance mehr gegeben, uns jemals zu finden. Von diesen ersten drei Jahren habe ich eigentlich nichts mitbekommen. Erst nach ihrem Tod habe ich aus ihrem Tagebuch erfahren, was damals alles geschehen ist. Später, als wir uns kannten und zusammenlebten, hat sie zwar die eine oder andere Andeutung gemacht, doch was in diesen Jahren wirklich gewesen ist, habe ich zu ihren Lebzeiten nicht gewusst. Ich sollte schildern, welche Kette von Zufällen in diesen drei Jahren dazu geführt hat, dass wir uns schließlich doch finden konnten. Dazu ist ein längerer Bericht zu diesen drei Lebensjahren Annas erforderlich. Ich kann hier nur die wichtigsten Stationen ihrer Suche nach jemandem, der sie mag und den sie mag, nacherzählen. Hinter jeder dieser Stationen steckt ein Lebensabschnitt, dem sie viele Gedanken widmen und manches Herzblut opfern musste.

Zur Zeit ihres Studienbeginns war sie ähnlich wie ich noch mit ihrem Tanzstundenpartner aus ihrer Schulzeit befreundet. Nach einem missglückten Erlebnis hat sie diese Freundschaft dann aber beendet. Unter den Kommilitonen, die sich zu Beginn ihres Studiums um sie geschart und ihr bei den mathematischen

Übungsaufgaben geholfen haben, war auch jemand, der sich in sie verliebt hat. Er sei ein „Intelligenzknubbel", hat sie geschrieben. Nach ersten schöneren, später aber enttäuschenden Erlebnissen mit ihm hat sie geschrieben: *Leider ist sein Besuch bei meinen Eltern eine große Pleite geworden. Ich hätte ihn nicht einladen sollen. Meine Mutter hat sehr unter seiner Anwesenheit gelitten, was sie mir auch gründlichst aufs Butterbrot geschmiert hat. Recht hat sie ja, dass er wenig unterhaltsam ist. Und gute Umgangsformen hat er auch nicht! Eigentlich bin ich froh, dass wir jetzt endgültig auseinander sind. Erst jetzt weiß ich genau, dass ich ihn nie würde lieben können. Vorher dachte ich schon einmal, aus meiner Sympathie könnte Liebe werden, aber was mich beeindruckt hatte, war doch nur seine überdurchschnittliche Begabung. Liebe ist eben mehr als nur Bewunderung! Um einen Menschen zu lieben, muss ich zwar immer etwas haben, was ich an ihm bewundern kann, aber dabei darf es nicht bleiben. Solange mir seine Fehler auf die Nerven gehen, kann von Liebe keine Rede sein. Ja, mein Lieber, du tust mir schrecklich leid! Wahrscheinlich hast du mich wirklich geliebt, oder tust es auch jetzt noch, aber wir würden uns nie verstehen. Ich kann deine Fehler einfach nicht liebhaben, und so müsste es bei der wahren Liebe doch sein. Du bist mir mit deinem Bedürfnis nach Zärtlichkeit, deiner Schweigsamkeit, deiner Weltverachtung, deinem linkischen Benehmen, deiner Rücksichtslosigkeit bei all deiner Liebe auf die Nerven gegangen ... .* Diese Stelle ihres Tagebuchs ist eine jener Stellen, an denen sie einen

Einblick in das gibt, was für sie Liebe zu einem Mann bedeutet. Obwohl es bestimmt einige Gelegenheiten gegeben hat, nie hat sie ein Abenteuer gesucht; die Liebe, die sie gesucht hat, ist für sie mehr als ein Abenteuer gewesen.

Zur selben Zeit in den Semesterferien, in denen sie als studentische Hilfskraft in einem Spektrallabor gearbeitet hat, um ihre schmale Kasse aufzubessern, schreibt sie über einen Arbeitskollegen: *Zu allem Unglück habe ich auch noch erfahren müssen, dass er mich liebt. Es ist einfach furchtbar gewesen, und ich habe es auch jetzt noch nicht überwunden. Wie habe ich nur so unüberlegt sein können und seine Einladung angenommen. Manchmal bin ich wirklich zu naiv! Aber ich habe ja auch nicht ahnen können, dass er so viel für mich empfunden hat. Dass er mich hat gut leiden können, das habe ich ja schon lange bemerkt, aber dass er mich geliebt hat, das hätte ich nicht für möglich gehalten. Auch jetzt noch glaube ich, geträumt zu haben, doch leider ist das nicht der Fall. Die glücklichen und dennoch so traurigen Stunden bei ihm waren wirklich und werden mir unvergesslich bleiben. Er ist der erste Mann, den ich liebe und der meine Liebe auch erwidert. Oder hat er mit mir gespielt, weil er meine Zuneigung gespürt hat? Nein, das glaube ich nicht, das wäre hässlich und gemein. Ich kann einfach nicht schlecht von ihm denken. Wenn ich ihn doch nur vergessen könnte! Er ist doch siebzehn Jahre älter als ich! Es hat doch keinen Sinn! Lieber Gott, hilf mir, ihn zu vergessen und verzeih mir! Ich habe schon genug geweint, lass endlich mein Herz still werden!*

In der Studentengemeinde an unserem Studienort hat sie einen Mann kennen gelernt, der sie sehr beeindruckt hat. Sie schreibt in ihrem Tagebuch an mehreren Stellen über ihn und nennt ihn ‚Herrn T.'. *Ich wüsste schon jemanden, den ich heiraten würde, aber der will nichts von mir wissen. Jedenfalls habe ich den Eindruck, nachdem ich gerade vier Tage vergeblich auf Herrn T. gewartet habe. Eigentlich habe ich mich nur auf ihn gefreut, als ich an meinen Studienort zurückgefahren bin; doch er lässt sich nicht blicken ... Ich bedeute ihm nichts, wie könnte ich auch! ... Wie armselig sind doch Worte, wenn es gilt, das auszudrücken, was man fühlt! Alles klingt so banal, wenn man es aufschreibt. Lieber Herr T., ich liebe dich!* Dieser Herr T. hat ziemlich lange eine Rolle in ihrem Gefühlsleben gespielt, die Rolle des Fernen und Unerreichbaren, den sie sich aber als Lebenspartner vorstellen konnte.

Die Beziehung zu ihrem Tischherrn jener Tanzveranstaltung, von der weiter oben berichtet worden ist, der ihr bis dahin gleichgültig gewesen ist, hat sich geändert. *Doch seit dem vorigen Wintersemester bin ich in ihn verliebt. Es gibt doch nichts Schlimmeres als verliebt zu sein. Man hat keine ruhige Minute mehr. Wie schnell vergeht oft die Liebe! Ich darf gar nicht daran denken, dass er mich eines Tages nicht mehr gern hat, obwohl ich fest damit rechne. ... Habe ich mich denn mal* lustig über ihn gemacht, dass er sich jetzt nicht mehr traut, mir das zu sagen, worauf ich schon lange warte, nämlich dass er mich liebt? Vielleicht liebt er mich gar nicht? Oder er ist sich über seine Gefühle selbst nicht im Klaren? Er hat so lange auf mich warten müssen und nun bin ich so ungeduldig!

3

Etwas später ist sie im anorganisch-chemischen Praktikum von einem wahnsinnig netten Assistenten betreut worden. Er hat mir so viel geholfen, dass ich mich in ihn verliebt habe. Eigentlich will ich nicht schon wieder in ein Gefühlschaos geraten, doch gegen meine Gefühle für ihn kann ich nicht ankommen. Obwohl ich weiß, dass es keine Chance gibt. Ich habe einen Brief an ihn geschrieben, den ich jedoch nicht abgesandt habe, den ich aber aufbewahren werde. ‚Mein liebster Zauberlehrling! Warum musste ich mich ausgerechnet in Dich verlieben? Weißt Du überhaupt, wie sehr ich Dich liebe? Ich kann es Dir nicht sagen und darf es ja auch nicht! Das macht mich furchtbar traurig, und dabei muss ich mit lachendem Gesicht mit ansehen, wie Du nur noch Augen für Deine kleine Prinzessin hast. Ist es sehr egoistisch, wenn ich wünsche, ich hätte sie Dir nie vorgestellt? Wahrscheinlich hätte es auch nichts daran geändert, dass Du aufgehört hast, mein Zauberlehrling zu sein. Gut, dass Du nicht siehst, wie ich um Dich weine. Aber vielleicht würdest Du nur lächelnd denken, das gibt sich wieder. Du hast mir so viele liebe Sachen gesagt, die ich nie vergessen werde.

Ich verstehe mich selbst nicht, dass ich mich immer wieder so dumm gestellt habe, als ob ich nichts verstünde. Aber ich konnte eben keinen Augenblick vergessen, dass Du verheiratet bist. Ich danke Dir für alles, was Du für mich getan hast. Es tut mir so leid, dass ich es Dir nicht richtig zeigen kann. Vergib mir, dass ich so lange geschwiegen habe. Es war Deine Gegenwart, die mich so aus der Fassung brachte, dass ich nichts sagen konnte. Vielleicht ist es aber auch gut, dass ich damals, als Du so lange auf Antwort von mir gewartet hast, nicht die Worte: ich liebe Dich! über die Lippen gebracht habe. Da Du nun Deine Prinzessin gefunden hast, bin ich eigentlich froh, dass ich geschwiegen habe. Ich bin nämlich unheimlich stolz und würde es mir nie verzeihen, solche Worte einem verheirateten Mann zu sagen. Trotzdem kenne ich keinen sehnlicheren Wunsch, als dass Du mich liebtest. Ich habe unheimliche Angst, Dir je wieder zu begegnen, obwohl ich es kaum erwarten kann. Sei bitte ein bisschen nett zu mir! Mehr will ich gar nicht. Wie denkst Du eigentlich von mir? Magst Du mich noch ein wenig? Sicher hast Du mal etwas für mich empfunden, sonst hättest Du nicht so viel für mich getan. Du hast labile Menschen gern, hast Du mir einmal gesagt. Hast Du Dich darüber gefreut, dass ich eine 1,9 in meinem Praktikumszeugnis bekommen habe? Ich habe es nur Dir zu verdanken, denn ohne Dich hätte ich nichts getan. Ja, mein geliebter Zauberlehrling, es ist wirklich nicht leicht, zu verzichten. Ich werde Dir mein Leben lang dankbar sein. Verzeih mir, wenn ich Dir irgendwann einmal wehgetan habe. 1000 Küsse!!'

Dieser Brief zeigt überdeutlich, was Anna unter einer Liebe verstanden hat, bevor wir uns zur Vordiplomprüfung getroffen haben. In ihrem Tagebuch schreibt sie: *Nun liegt auch diese Episode hinter mir. Ich staune, wie schnell sich Gefühle ändern können. Ich glaube, jetzt bin ich endgültig aus meiner Welt-untergangsstimmung heraus. Man muss das Leben wirklich von seiner komischen Seite betrachten, wenn man nicht verzweifeln will. Ich habe mir fest vorgenommen, mich nicht noch einmal so beeindrucken zu lassen, dass ich fast verrückt werde. Selbst wenn ich jetzt viel allein sein werde, werde ich nicht mehr Trübsal blasen. Mein Zauberlehrling ist auch nicht der einzige Mann auf der Welt.*

In den Semesterferien vor unserer Zwischenprüfung hatte sie ihre letzte Begegnung mit einem anderen Mann. *Wenn ich mich nicht so verlassen gefühlt hätte, wenn die anstehenden Vor-diplomprüfungen nicht auf meiner Seele gelastet hätten, wäre ich nie seiner Einladung gefolgt. Aber so hatte ich gehofft, auf andere Gedanken zu kommen, und bald haben sich die Verab-redungen gehäuft, die mir anfangs viel Freude gemacht haben, später aber zu einer Belastung geworden sind. Bald habe ich feststellen müssen, dass er ernsthafte Absichten hat und mich zu seiner Frau machen will. Doch diesen seinen Wunsch zu erfüllen wird mir niemals möglich sein, denn ich kann ihn nicht lieben. Ich hätte nicht so gedankenlos handeln sollen! Immer wieder falle ich mit meiner Harmlosigkeit herein. Doch was hilft es! Es lässt sich nicht mehr ungeschehen machen, und ich muss damit fertig werden. Er hat sich inzwischen wohl damit abgefunden, dass ich nichts für ihn empfinde, vielleicht hat er sich auch schon anderwärts getröstet. Durch die bevorstehenden Prüfungen bin ich so mit anderen Dingen beschäftigt gewesen, dass ich seine Gedanken und Gefühle gar nicht richtig erfasst habe.*

Die Vielzahl der von mir ausschnittartig dokumentierten Erlebnisse Annas in den ersten drei Jahren ihres Studiums (von denen ich erst viel später erfahren habe) zeigt überdeutlich, wie leicht und wie schnell sie in einer festen Beziehung hätte landen können; sie und ich, wir hätten uns nie gefunden. Im Gegenteil, ich muss mich wundern, wieso sie unter den Bedingungen, unter denen sie damals leben musste, nicht den naheliegenden Weg gewählt hat und in eine Ehe geflüchtet ist. Ist das alles nur Zufall? Der Charakter der Eintragungen in ihr Tagebuch ändert sich vollständig, ihre Eintragungen werden viel seltener und brechen ab, nachdem wir uns getroffen haben. Doch das ist eine andere Geschichte, die ich in meinen „Erinnerungen an Anna" geschildert habe (Hinweise zu diesem und weiteren Buchtiteln am Ende dieses Buches).

Auf eine Reihe weiterer Zufälle in diesen drei Jahren muss ich hinweisen. Denn nicht nur von Annas Seite her ist es ein

Wunder, dass wir uns finden konnten. Auch bei mir hat es in dieser Zeit Ereignisse gegeben, die meinem Studentenleben eine andere Wendung hätten geben können, die eine Begegnung mit Anna verhindert hätten. Wegen meiner Jugend hatte ich schon ein Jahr Studium hinter mir, als ich für den Wehrdienst gemustert worden bin. Die Bundeswehr hat sich damals noch in einem Aufbaustadium befunden; für alle wehrfähigen jungen Männer hat eine Wehrpflicht bestanden. Nur, weil es genügend viele andere junge Männer gegeben hat, die gemustert worden sind, und nur, weil ich schon ein Jahr im Studium gewesen bin, bin ich nicht eingezogen worden. Hätte ich zum ‚Bund' gemusst, hätte ich mein Studium aussetzen müssen und hätte mich erst viel später zum Vorexamen melden können, Anna wäre schneller gewesen und wir hätten uns nie getroffen.

Aber auch das Umgekehrte wäre möglich gewesen: ich hätte mich vor Anna zum Vordiplomexamen anmelden können. Das wäre nämlich geschehen, hätte ich nicht wegen meiner Jugend praktisch ein Jahr verloren. Infolge der weiter oben schon genannten Überflutung der Universitäten durch die geburtenstarken Vorkriegsjahrgänge haben sich für viel zu wenige vorhandene Praktikumsplätze viel zu viele Studenten gemeldet. Hilflos, wie die Univerwaltung gewesen ist, hat sie sich nur durch ein Auswahlverfahren retten können, Auswahlkriterium war das Alter. Und da bin ich wegen meiner Jugend sofort rausgeflogen und wurde auf spätere Semester vertröstet. Weil

Anna fast ein Jahr älter ist als ich, hat sie mehr Glück gehabt. Wie ihr Studium in den ersten drei Jahren gelaufen ist, und wieso sie letztlich ebenso lange bis zur Anmeldung zum Vorexamen gebraucht hat wie ich, habe ich allerdings nicht mitbekommen.

Ein Semester später habe ich mich an einer anderen Uni angemeldet und sofort einen Praktikumsplatz bekommen. Dort habe ich mich dann mit einem Mädchen getroffen, das in der Nähe gewohnt hat, und das ich ein Jahr zuvor an meiner ersten Uni an einem Wochenende über einen befreundeten Kommilitonen kennen gelernt hatte. An einem wahrhaft tollen Wochenende! Wenige Stunden haben genügt, uns anzufreunden und sofort zu mögen. Einen Tag nach unserem Kennenlernen haben wir uns auf eine so hemmungslose Weise geküsst, wie ich zuvor noch nie geküsst habe und geküsst worden bin. In der Einsamkeit meiner sturmfreien Bude an der zweiten Uni habe ich mich an dieses Mädchen erinnert und sie ohne weitere Gedanken zu einem Besuch eingeladen. Sie ist tatsächlich gekommen – aus meiner Freude auf sie und aus der leisen Hoffnung auf meine erste Liebesnacht ist jedoch ein Fiasko geworden. Plötzlich sind mir meine Armut und die Schäbigkeit meiner Bude bewusst geworden. Meine Stimmung hat in dem Augenblick schon am Boden gelegen, als das Mädchen am Bahnhof angekommen und mir erst dann klar war, ich stehe hier ohne Geld, weiß nicht, wohin ich sie ausführen kann, weiß nicht, wo sie übernachten wird, sollte sie dableiben, und habe noch nicht einmal ein Blümchen zur Begrüßung bei mir. Ich habe die Wut auf meine Situation nur unvollkommen unterdrücken können, mir ist bewusst geworden, was sie von diesem Besuch erwartet hat und wie wenig ich ihr zu bieten hatte. Ich habe sie am frühen Abend wieder zum Bahnhof gebracht und danach den Kontakt zu ihr verloren. Unter anderen Umständen hätte ich mit ihr meine erste Liebesnacht erleben können und wäre, so wie ich mich kenne, an ihr hängen geblieben. Für Anna hätte ich mich nie interessiert.

Selbst an dem Tag, an dem Anna und ich uns beim Dekanat zur Anmeldung für die Vordiplomprüfungen in einer Schlange Wartender befunden haben, hätte jeder von uns es als völlig normal empfunden, wenn es wie in den Jahren zuvor bei einem freundlichen Desinteresse geblieben wäre. Wenn, ja, wenn mir nicht beim flüchtigen Blick zu ihr hinüber etwas aufgefallen wäre, etwas, das mich merkwürdig berührt hat: ihr so furchtbar trauriges Gesicht, ein Gesicht, wie es mir bei ihr noch nie aufgefallen ist. Sie hat mich noch gar nicht entdeckt, ich habe länger zu ihr hinüberschauen können. Dabei habe ich bemerkt, dass sie sich mit keinem ihrer Nachbarn unterhalten hat. Das hat mich erstaunt, denn bislang hatte ich sie dann, wenn ich sie gesehen habe, immer in Gesellschaft gesehen, meist in männlicher Gesellschaft. Ich weiß nicht mehr, was mich in diesem Augenblick veranlasst hat, zu ihr hinüberzugehen. Ist es Mitleid gewesen? Ist es Interesse an ihr gewesen? Oder bin ich auf der Suche nach jemandem gewesen, mit dem zusammen ich mich auf die kommenden Prüfungen vorbereiten kann? Wäre ich damals dem plötzlichen Impuls, zu ihr zu gehen, nicht gefolgt, hätten sich unsere Wege für immer getrennt.

Angesichts der vielen gerade geschilderten Umstände, bei denen Anna und ich unsere eigenen Wege gegangen wären, frage ich mich heute, welche höhere Macht, welcher Schicksalslenker da seine Hand im Spiel gehabt hat! Wie kann es sein, dass bei der Vielzahl der gerade geschilderten Ereignisse, denen zufolge keine Chance bestanden hat, uns zu treffen, Anna und ich uns dennoch haben finden können? Von der Mathematik her weiß ich, wie gering die Wahrscheinlichkeit dafür gewesen ist. Selbst, wenn ich als Einzelwahrscheinlichkeit für jedes der etwa zwölf wirklich ernsten Hindernisse für eine Begegnung von Anna und mir eine optimistische fifty-fifty-Chance vorstelle und deshalb mit einem Wert von 50 Prozent gleich 0,5 rechne, erhalte ich als Gesamtwahrscheinlichkeit den wahrlich winzigen Wert von $0{,}5^{12} \approx 0{,}00024$, also einen derart kleinen Wert, demzufolge wir uns eigentlich nie hätten finden dürfen. Ich weiß, eine solche Zahlenakrobatik hat mit dem wahren Leben nichts zu tun, dennoch macht mich das nachdenklich. Ist wirklich alles nur Zufall?

4

Zu meinen Erinnerungen nach ihrem Tod gehören besonders jene, die unsere Liebe bestimmt und damit geprägt haben. An zwei Stellen der vorangehenden Kapitel ist aus ihren Tagebuchnotizen schon deutlich geworden, was Anna unter einer Liebesbeziehung verstanden hat, bevor wir aufeinander getroffen sind. Nie ist sie hinter einem Abenteuer her gewesen. Ein Abenteuer hätte sie leicht haben können, Gelegenheiten dafür hat es bestimmt einige gegeben. Für sie hat Liebe zuerst bedeutet, jemanden zu mögen – und natürlich auch von jemandem gemocht zu werden. Unzulänglichkeiten, Fehler, Schwächen eines Partners akzeptieren zu können ist für sie wichtig gewesen, um Zuneigung zu ihm entwickeln zu können. Davon wie auch von den abenteuerlichen Achterbahnfahrten ihres Gefühlslebens habe ich bis zu ihrem Tod nichts gewusst. Hätte ich mich in den sechsundfünfzig Jahren unserer Beziehung anders verhalten, wäre mir das bekannt gewesen? Ich glaube nicht. Dennoch empfinde ich heute im Nachhinein meine damalige Unkenntnis als Segen! Nachdem wir uns ineinander verliebt haben, habe ich ihre Gefühle und ihren Gefühlsreichtum zu spüren bekommen, ohne mich durch Fragen oder Zweifel belastet zu fühlen, woher sie kommen, ob aus ihrem Herzen oder aus mir unbekannten Erfahrungen. Zu Anfang unserer Beziehung habe ich mich damit begnügt zu spüren, wie ehrlich und im wahren Sinne unverdorben sie mir begegnet ist. Fragen habe ich mir erst einige Zeit später gestellt, als mir immer klarer wurde, sie ist die Gefährtin, die Geliebte, die ich mir für mein künftiges Leben vorstellen kann.

Jetzt, viele Jahre später, nachdem ich unser gesamtes Liebesleben überblicke, weiß ich, welche unbeschwert glückliche Zeit unser Kennenlernen und jenes Sommersemester gewesen sind, als wir mit einem erfolgreichen Zwischenexamen im Rücken in das Abenteuer der Entdeckung unserer Liebe und danach in unsere gemeinsame Zukunft gestartet sind. Der in der Literatur gern verwendete Spruch „sie konnten von Luft und Liebe leben" hat bei uns voll zugetroffen. Während unserer Studentenzeit hatte keiner von uns ausreichend Geld. In den Semesterferien haben wir beide arbeiten müssen, um unsere Kassen aufzubessern. Unsere Mittel haben für das blanke Überleben gerade so gereicht. Das hat uns aber nie bekümmert, gemeinsam haben wir entdeckt, dass wir neben dem Wichtigsten, unserer erwachenden Liebe, nichts Anderes brauchten. Unsere Träume von Liebe und einer gemeinsamen Zukunft waren vollständig kostenfrei. Unsere Vergangenheit und dort vielleicht schlummernde Gefahren haben weder zu Beginn unserer Beziehung noch später eine Rolle gespielt. Ich erinnere mich allerdings, eingedenk dessen, was ich in den bisherigen drei Jahren unseres Studiums aus der Ferne von ihr und dem Schwarm männlicher Kommilitonen um sie herum mitbekommen habe, überlegt hatte, ob ich nach früheren oder jetzigen Beziehungen fragen sollte. Ich habe es unterlassen, weil ich gespürt habe, wie ehrlich sie es mit mir gemeint hat, wenn sie mich an ihrem Gefühlsleben teilnehmen ließ. So haben wir nie über das gesprochen, was in vielen Liebesbeziehungen als „deine Vergangenheit", als Vergangenheit des Anderen gefürchtet wird. Weder ich habe sie, noch hat sie mich ausgefragt. Eine Vergangenheit, sofern es sie gegeben hat, ist für die Entwicklung unserer Beziehung völlig bedeutungslos geblieben. Unsere früheren Erlebnisse und vorherigen Liebesbeziehungen haben weder in diesem Semester noch irgendwann später eine Rolle gespielt. Nach unserem erfolgreichen Zwischenexamen haben wir uns die studentische Freiheit genommen, ein Semester lang unbekümmert in den Tag hinein zu leben und das zu genießen, was unter Studenten als „Gammelsemester" bezeichnet wird.

Mir ist das, was zu Beginn meiner Beziehung zu Anna geschehen ist, zuerst als ein Abenteuer erschienen, als ein Abenteuer, wie ich es schon zweimal erlebt habe. Beim ersten Mal ist es um die zunächst harmlose, dann aber immer intensivere Freundschaft mit einem drei Jahre jüngeren Mädchen im letzten Jahr vor meinem Abitur gegangen. Ich muss daran denken, auf welche wunderbare Weise mir dieses stille und schon in ganz jungen Jahren zu tiefen Gefühlen fähige Mädchen gezeigt hat, was verliebt Sein bedeutet, und wie unreif und ahnungslos ich damals noch gewesen bin! Was ich in dem halben Jahr meiner engeren Beziehung zu diesem Mädchen aber bald verstanden habe, war, dass ich uns neben dem Abenteuer unserer ersten Küsse zu bewahren hatte, zu bewahren vor unseren Gefühlen, vor meinem männlichen Drängen und vor ihrer Fähigkeit, in mir weitergehende Wünsche zu wecken. Weit weg von ihr mein Studium aufzunehmen und später keine Möglichkeit mehr bekommen zu haben, sie wiedersehen zu können, ist aus meiner heutigen Sicht das vielleicht bessere Schicksal für uns beide gewesen.

Ein völlig anderes Erlebnis ist beim zweiten Mal die Begegnung mit einem lebhaften und mir bis dahin unbekannten Mädchen gewesen, das etwa so alt war wie ich. In meinem zweiten Studiensemester haben wir uns nur zwei Tage lang an einem Wochenende gesehen. Als Folge meiner Jugendliebe bin ich zu jener Zeit nicht mehr ahnungslos gewesen, da habe ich mich ohne Bedenken auf ein rasantes Kurzabenteuer einlassen können. Wir haben uns ein Jahr später noch einmal getroffen, davon habe ich weiter oben schon berichtet.

Was mich bei Anna von Beginn an überrascht und an sie gefesselt hat, ist das, was sie unter einer Beziehung verstanden hat. Der wunderbare Mensch Anna hat mir gezeigt, was erwachende und erwachsene Liebe bedeuten. Es hat nicht lange gedauert, dann bin ich ihr nicht mehr mit dem Gefühl begegnet, ein Abenteuer mit ihr zu erleben, dann habe ich immer mehr an eine ernste Liebesbeziehung mit gemeinsamer Zukunft denken müssen. Die von vielen anderen Jungen und jungen Männern so begehrten und abenteuerlustigen leichten Mädchen sind für mich nie interessant gewesen, seitdem ich mich überhaupt mit Mädchen beschäftigt habe. Immer schon haben mich jene natürlichen und eher stillen Mädchen beeindruckt, die ich gern angeschaut habe. Nicht nur, weil sie in gewisser Hinsicht hübsch anzusehen sind, sondern weil sie oft etwas Besonderes an sich haben, und weil sie dann, wenn sie den Mund aufmachen, auch etwas zu sagen haben. Als ich Anna begegnet bin, habe ich schnell entdeckt, dass sie diesem Bild eines stillen und zu tiefen Gefühlen fähigen Mädchens in einer unglaublich perfekten Weise entspricht. Ich habe sie während der gemeinsamen Examensvorbereitungen studieren können. Wir haben einige Wochen lang ausgesprochen sachlich an unseren Prüfungsfragen gearbeitet. Ihre natürliche, unbefangene und ehrliche Art hat mir sehr gefallen. Sie hat sich verhalten, wie ich mir das von einem Mädchen, oder wie in ihrem Fall, von einer jungen Frau nur wünschen konnte. Nach unserer erfolgreichen Zwischenprüfung habe ich ihrem Gesicht und ihrem Mienenspiel angesehen, wie sie nicht verborgen hat, mir ihren Gefühlszustand zu zeigen. Sie ist mir immer attraktiver erschienen, ich habe mich immer mehr in sie verliebt.

Am Ende dieses ersten gemeinsamen Semesters bin ich zweiundzwanzig Jahre alt geworden. Schon vorher habe ich erfahren, dass sie fast ein Jahr älter ist als ich. Dies zu wissen hat mich aber überhaupt nicht interessiert. Was mich neben ihrer immer deutlicher erkennbaren Zuneigung zunehmend gefesselt hat, sind ihre Klugheit, ihre Schlagfertigkeit, ihr Humor und ihr Gefühlsreichtum, den ich immer intensiver zu spüren bekommen habe. Immer deutlicher habe ich erkannt, welche herrlichen Eigenschaften sie hat, Eigenschaften, die sie in der

Öffentlichkeit gut verborgen halten kann, an denen sie mich aber immer mehr teilnehmen hat lassen. Unsere Öffentlichkeit sind damals unsere Studienkollegen und Freunde gewesen; beide hatten wir uns in unseren ersten drei Studienjahren einen eigenen Kreis von Kollegen, Freundinnen und Freunden geschaffen. In diesen Kreisen sind wir bald als Paar aufgetreten.

Erst jetzt, nachdem ich in ihren Tagebucheintragungen aus jener Zeit von den Irrfahrten ihres Gefühlslebens gelesen habe, kann ich verstehen, was damals geschehen ist. Ich muss in meine Erinnerung zurückrufen, welche Zeit der öffentlichen Prüderie die damalige Zeit noch gewesen ist. Das wenige, was wir von der Sexualität gewusst haben, ist bei mir ebenso wie bei Anna auf solche Regeln wie „keinen Sex vor der Ehe" beschränkt gewesen. Dabei haben wir noch nicht einmal gewusst, was Sex überhaupt ist. Sicher mehr als einen Kuss auszutauschen, doch was sonst noch? Gleichzeitig war unser Verhalten von jenem von Vermieterinnen und Vermietern von Studentenbuden in den Hausordnungen genannten und damals noch geltendem Kuppeleiparagraphen im Strafgesetzbuch bestimmt. Die Folge sind strenge Besuchsregelungen gewesen, deren Missachtung mit der Kündigung der Bude enden konnte. Was heute von jedem jungen Menschen wie selbstverständlich als Recht auf freie Entfaltung der eigenen Persönlichkeit wahrgenommen werden kann, hat damals selbst für uns erwachsene und volljährige Menschen noch nicht existiert (zur Erinnerung: als volljährig galt man damals erst mit einundzwanzig Jahren).

Davon, dass Sex in einer Beziehung etwas Schönes ist, etwas, was alle für sich wünschen, durfte offiziell nie die Rede sein. Im Gegenteil, ein unverheiratetes junges Liebespaar war dazu verurteilt, sich heimliche Begegnungsmöglichkeiten zu suchen – was manchmal zwar spannend gewesen ist, die ersten schüchternen Schritte in eine Beziehung aber auch belasten konnte. So ist Sex für Anna und mich als Ausdruck unserer Liebe zuerst noch ein Traum gewesen. Ein wunderschöner Traum, aber eben nur ein Traum.

Als ich Anna in den Wochen unserer gemeinsamen Prüfungs-vorbereitungen näher kennen gelernt habe, ist sie mir so erschienen, wie es das Bild der „anständigen" Frau dieser Zeit hergegeben hat: Sie war eine attraktive junge Frau, von der ich geglaubt habe, sie würde niemals zulassen oder gar selbst tun, wovon ich in den einsamen Nächten meiner ersten Studien-jahre geträumt habe. Bei der Erinnerung an diese fernen Träume ist es bis zum Ende unserer gemeinsamen Vorbereitungen auf das Zwischenexamen geblieben. Doch schon am Abend des Prüfungstages, als wir unseren Erfolg gefeiert haben, hat sich das schlagartig geändert. Erst recht in den Tagen danach. Die mir bis dahin so zurückhaltend erschienene Anna hat mich überrascht. Meinen ersten schüchternen Ver-such, sie aus Dankbarkeit für unser gemeinsames Lernen zu küssen, hat sie nicht abgewiesen. Bald habe ich sie noch einmal küssen dürfen. Zugleich hat sie mich in einer Weise wieder-geküsst, die meinen Gefühlen Flügel verliehen hat. Erst später hat sie mir gestanden, bis zum Abend des Prüfungstages hätte sie in den Jahren zuvor nur ganz selten Spaß empfunden, geküsst zu werden, und noch weniger gern hätte sie selbst geküsst. Ich habe das damals angesichts der zahlreichen Kommilitonen, mit denen ich sie in den drei Jahren zuvor gesehen hatte, nicht so recht verstanden. Jetzt, nach Kenntnis ihres Tagebuchs, weiß ich, in welcher seelischen Gefühlslage sie gewesen ist, und was damals bei unserer Begegnung geschehen ist. Offenbar hat sie zum ersten Mal in ihrem Leben eine Begegnung mit einem ungebundenen jungen Mann gehabt, der sie ohne jeden Vorbehalt gemocht und ihr das auch gezeigt hat, und dessen Gefühle sie ohne jeden Vorbehalt und ohne Bedenken auch erwidern konnte. Wie hat sie ihre Erlebnisse in den ersten drei Jahren ihres Studiums in ihrem Tagebuch resümiert: *Warum bin ich nur immer den Menschen gleich-gültig, die ich nett finde, während mir die gleichgültig sind, die mich nett finden?*

Wie oben schon angesprochen, hatten die Begegnungen mit ihr nach unserem Zwischenexamen in den ersten Wochen des Sommersemesters für mich noch den Charakter eines Aben-teuers, mit dessen Ende ich jederzeit zu rechnen hatte. Ich hatte erwartet, dass es noch Folgen unbekannter Beziehungen aus den vorherigen drei Studienjahren gibt, die ich hinzu-nehmen hätte. Nicht erwartet hatte ich eine wichtige Änderung ihres Berufsziels, von der ich erst nach dem Zwischenexamen erfahren habe: Sie hat mir mitgeteilt, ihr Physikstudium aufzugeben und ein anderes Studienziel anzustreben. Sie will ins Lehrfach wechseln und Realschullehrerin werden. Nach dem, was ich mir im Stillen schon von unserer gemeinsamen Zukunft als Physiker ausgemalt hatte, ist das zunächst ein ordentlicher Schreck gewesen! Meine größte Befürchtung war, sie müsste deshalb unseren Studienort verlassen. Doch diese Befürchtung hat sie sofort entschärft. Sie hat mir mitgeteilt, ihre pädagogische Ausbildung an der PH (Pädagogische Hochschule) in unserer Universitätsstadt fortsetzen zu können. Die seit dem zweiten Semester von ihr bewohnte Studentenbude in der Innenstadt allerdings, die ihr zu einer Heimat geworden ist, muss sie zum Ende des Sommersemesters aufgeben, weil das gesamte Gebäude entmietet und einem anderen Zweck zugeführt werden soll. Schließlich hat es noch eine große Unbekannte gegeben, die ich zu fürchten hatte: ihr Elternhaus und Verpflichtungen an ihrem Heimatort, die dort womöglich noch existiert haben. Ich habe mich entschlossen, mich nicht sonderlich dafür zu interessieren, solange Anna in unserer Universitätsstadt bleiben und bei unserem Abenteuer eines gemeinsamen Sommersemesters mitmachen kann.

Wie hat mein Gefühlsleben zu diesem Zeitpunkt ausgesehen? Mittlerweile habe ich einiges von mir gewusst, was mir beim Werden der Beziehung zu Anna geholfen hat. Als ungebundener junger Mann bin ich einem Liebesabenteuer ohne jede Verpflichtung keineswegs abgeneigt gewesen. Das hatte ich an jenen weiter vorne geschilderten zwei tollen Tagen mit einem gleichalten Mädchen schon ausgetestet. Doch schon drei Jahre vorher im Fall der jungen Freundin in meinem letzten Schuljahr und erst recht jetzt bei Anna habe ich ziemlich schnell über das nachdenken müssen, was ich zunächst als Abenteuer empfunden habe. Das ist bei mir so, wenn ein Mädchen oder eine junge Frau für mich so bedeutend, so kostbar wird, dass ich beginne, über das Heute hinauszudenken, wenn ich mir in meinen Träumen ein Morgen und ein Übermorgen vorstellen kann. Bei meiner jungen Freundin damals habe ich mir die Ermahnung meines Vaters zu eigen gemacht, mit diesem Mädchen verantwortungsvoll umzugehen. Dieses Problem gibt es jetzt bei Anna nicht. Beide sind wir alt genug, überbordende Gefühle wenn notwendig im Zaum zu halten, und wenn nicht, die Folgen tragen zu können. Mit Anna und dem Werden unserer Liebesbeziehung bin ich einem Problem anderer Art begegnet.

5

Küssen ist für mich schon früh eine Form des Zeigens meiner Zuneigung gewesen. Die Nähe zu einem geliebten Menschen durch den Austausch eines Kusses zu festigen ist mir immer als Selbstverständlichkeit erschienen. Doch Kuss ist nicht gleich Kuss. Zwischen einem Küsschen, das ich von meiner Schwester bekomme, und einem Kuss, den ich als Verliebter mit einem Mädchen austausche, gibt es einen ganz wesentlichen Unterschied. Den habe ich zum ersten Mal bei meiner kleinen

Freundin aus Schultagen erlebt. Die Küsschen, die wir zunächst ausgetauscht haben, sind im Lauf der Zeit irgendwie anders geworden. Sie sind zu etwas geworden, was mir später als Ausdruck einer intimen Liebesbezeigung bewusst geworden ist: es geht um einen Kuss, der von manchen als Zungenkuss bezeichnet wird. Seitdem ich diese Liebesbezeigung bei meiner ersten jungen Liebe kennen gelernt habe, habe ich nie verstanden, warum diese wunderschöne Art des Liebesbeweises einen derart schlechten Ruf hat. Seitdem ist für mich der wahre Liebeskuss ein Zungenkuss: that's what I call a kiss. So zu küssen macht dann, wenn man verliebt ist, unglaublichen Spaß! Das habe ich mit meiner jungen Freundin im letzten Jahr meiner Schulzeit erlebt, das ist mir bei meinem kurzen Wochenendabenteuer in jenem Wintersemester so gegangen, das erfahre ich jetzt mit Anna. Unsere Küsse haben bald eine Tiefe und eine Intensität erreicht, die uns, ob wir das wollen oder nicht, eine Botschaft mitteilen, nämlich die Botschaft: ich begehre dich. Während ein solches Gefühl in mir entsteht, hüte ich mich besonders zu Beginn einer Beziehung zu einem Mädchen, zu einer Frau davon zu sprechen! Bei meiner jungen Freundin aus Schulzeiten habe ich mir jede weitere Vertiefung dieses Gefühls versagt. Bei jenem kurzen Wochenendabenteuer am Ende meines ersten Studienjahres hätte ich allerdings keinerlei Bedenken gehabt. Obwohl wir uns nicht gekannt haben, waren wir uns schnell vertraut, ich wäre sofort zum Sex bereit gewesen, hätte sich eine Gelegenheit dafür ergeben.

Jetzt bei Anna habe ich gehofft, sie ist alt genug und weiß, was sie tut, wenn sie meine Küsse so erwidert. Ich habe gehofft, sie weiß auch, welche Gefühle und welche Reaktionen solche Küsse bei mir hervorrufen werden.

Wenn ich ein Mädchen, eine junge Frau finde, der ich vertrauen kann, die ich mag und die mich mag, dann entwickeln sich in mir nicht nur ein Gefühl der Geborgenheit und ein starker Drang nach Nähe. Dann wünsche ich mir auch Zärtlichkeit, ein Wunsch, der mir jetzt beim Werden meiner Beziehung zu Anna Sorge bereitet. Bei den wunderbaren Küssen, die sie und ich seit Beginn des Sommersemesters immer häufiger, immer intensiver, immer erregender ausgetauscht haben, habe ich befürchtet, irgendwann zu forsch zu sein, irgendwann meinem Begehren nachzugeben, ihren Körper berühren zu wollen. Schließlich habe ich es nicht mehr verhindern können, an einem Nachmittag, an dem wir nebeneinander auf ihrem Sofa gesessen haben, ist genau das geschehen. Erschrocken, wie ich in diesem Augenblick war, habe ich nur noch geglaubt, jetzt wird sie mir ihre Abneigung zeigen und mich zurückweisen. Mir war bewusst, eine Zurückweisung würde mich empfindlich treffen. Von einer mir so kostbar erscheinenden jungen Frau wie Anna zurechtgewiesen zu werden, würde in mir ein derart schlechtes Gefühl hervorrufen, dass mir nichts anderes übrig bleiben würde, als mich dem zu entziehen. Unser Abenteuer wäre damit vorbei, Anna wäre Vergangenheit. Das aber habe ich ganz und gar nicht gewollt! Nach meinem ‚faux pas' habe ich nur noch abwarten können, was passiert, wie sie reagiert.

Mit einem Gespür, das ich zu jenem Zeitpunkt noch nicht gekannt habe, hat sie meine Gefühlslage erfasst, hat jede Art von Empörung vermieden, hat mir nach einer kurzen Bedenkzeit aus meiner Verlegenheit herausgeholfen und mich auf ihre so unglaublich weibliche Weise erkennen lassen, dass sie meinen Wunsch nach Zärtlichkeiten und nach körperlicher Nähe nicht ablehnt. Ich glaube, das ist der Augenblick in unserer erst seit wenigen Wochen existierenden Beziehung gewesen, in dem wir beide gespürt haben, das Gefühl eines Abenteuers endet und beginnt sich zu wandeln, in etwas, was Liebe werden könnte. Natürlich waren wir noch längst nicht so weit, von Liebe zu sprechen. Dazu ist es noch zu früh gewesen, doch das war auch gar nicht notwendig: in den nachfolgenden Wochen haben wir uns so verhalten, als hätten wir uns unsere Liebe gestanden.

Ich habe ihren Körper berühren, ihn streicheln dürfen, ohne ein schlechtes Gefühl dabei in Kauf nehmen zu müssen. Denn sie hat dies nicht nur geduldet, sie hat mir zu verstehen gegeben, dass sie das selbst wünscht. Jetzt im hohen Alter mit der Erfahrung von über fünfundfünfzig Jahren Glück mit Anna kann ich mir nur noch sehr unvollkommen vorstellen, welche Art von Revolution dieses Vertrauen Annas in meinem Gefühlsleben damals als junger Mann von gerade noch einundzwanzig Jahren hervorgerufen hat. Denn ich habe erst beiseite räumen müssen, was sich damals in den Köpfen von uns jungen Männern befunden hatte, wenn es um Sex gegangen ist. Neben einer gründlichen Ahnungslosigkeit von allem, was mit Sex zu tun hat, hat es Träume von sogenannten leichten Mädchen gegeben, die, so hieß es, flach zu legen seien, was das auch immer zu bedeuten hatte. Richtige Frauen dagegen sind als unerreichbare Wesen dargestellt worden. Wenn man bei ihnen landen wollte, hätte man erst noch etwas darstellen und sich zudem noch allerlei Mätzchen einfallen lassen müssen. Und wie hat das bei mir ausgesehen? Mein Glück bei leichten Mädchen zu suchen, dazu hatte ich absolut keine Lust. Als mittelloser Student hatte ich noch gar nichts darzustellen, geschweige denn Besitztümer, um irgendwelche Klassefrauen beeindrucken zu können. Eine Klassefrau wie Anna zum Beispiel, die in meinen Augen in kurzer Zeit zum größten Prachtexemplar einer richtigen Frau weit und breit geworden ist. Und diese Anna ist bereit gewesen, nicht nur bei so einem armen Schlucker wie mir zu bleiben! Sie hat auch keinerlei Mätzchen von mir verlangt, um sie küssen und berühren zu dürfen! Ich weiß nicht, ob ich damals überhaupt begriffen habe, was da geschehen ist, welches kostbare Kleinod ich da in meinen Händen halten durfte.

Jahre später hat Anna mir gestanden, dass ich mir keine derartigen Sorgen hätte machen müssen, wenn ich „bei ihr offene Türen einrennen wollte", wie sie sich ausgedrückt hat. Sie hat mir das gestanden, nachdem ich sie gefragt habe, wieso sie damals bereit gewesen ist, mit einem so unbedeutenden und dazu noch jüngeren Mann wie mir ein Liebesverhältnis einzugehen. Nachdem ich jetzt ihre Tagebucheintragungen aus dieser Zeit kenne, sehe ich ihre damalige Gefühlslage besser, kann ich verstehen, warum sie bereit gewesen ist, sich nicht nur mir und meinen Wünschen zu öffnen, sondern auch ihren Gefühlen und Wünschen nachzugehen. Warum sie dazu bereit gewesen ist, alle jene Gebote und Regeln beiseite zu schieben, mit denen Mädchen und junge Frauen damals eingemauert worden sind. Wieso sie bereit gewesen ist, alles das, was man vor der Hochzeit nicht tun darf, den ganzen moralischen Ballast jener Zeit über Bord zu werfen! Doch damals, das muss ich mir jetzt wieder in Erinnerung rufen, damals habe ich von dieser Gefühlslage nichts gewusst. Damals ist mir ihr Verhalten wie ein großes Wunder erschienen. Ich bin einer jungen Frau begegnet, die Stil, Liebenswürdigkeit und Klasse hat und dennoch bereit war, mit mir in einer Weise umzugehen, die ich damals eher bei einer als leichtes Mädchen bezeichneten jungen Frau verortet hätte.

In der jetzigen Zeit, in der in praktisch allen Lebensbereichen Umwälzungen geschehen, die alles verändert haben, was uns jahrzehntelang vorher erzählt worden ist, finden immer öfter Rückbesinnungen in Zeitschriften und Büchern statt. Selbst jene Jahre der gesellschaftspolitischen Revolutionen, die als die Zeit der Achtundsechziger in die Erinnerung eingebrannt worden sind, als in Presse und Öffentlichkeit Empörung über das unmögliche Benehmen einer großen Anzahl junger Menschen vorgeherrscht hat, erscheint in Retrospektiven als eine Epoche, der heute viele Zeitzeugen und Kolumnisten ein anderes und deutlich positiveres Zeugnis ausstellen, als sie es damals getan haben. Anna und ich haben uns 1961 getroffen und verliebt, also einige Jahre vor der von revolutionär gesinnten Studenten der Universitäten ausgehenden Proteste zunächst gegen die verkrusteten universitären Strukturen, dann aber auch gegen diejenigen Mächtigen, die in Staat, Wirtschaft und Gesellschaft das Sagen für sich beansprucht hatten. Bereits ab Mitte der sechziger Jahre hatte der SDS (Sozialistischer Deutscher Studentenbund) an den Hochschulen begonnen, für Furore zu sorgen. Zur Zeit des Höhepunktes der Protestbewegungen hatten Anna und ich unsere Studienzeit aber hinter uns und bei unserer Berufsfindung und der Gründung einer Familie mit ganz anderen Problemen zu kämpfen.

Eine der Umwälzungen, die uns damals beschäftigt hat, war keineswegs neu, sie hatte in ähnlicher Weise schon einmal vierzig Jahre zuvor, nämlich nach dem ersten Weltkrieg Bedeutung erlangt: die Frage der Selbstbestimmung der Frau und ihre Stellung in Gesellschaft und Familie. Die in den wilden zwanziger Jahren erreichten Entwicklungen zu einer neuen Rolle der Frau sind in der Zeit des Dritten Reiches wieder kassiert worden. Von den revoltierenden Studenten der sechziger Jahre ist diese Frage wieder angepackt worden. Dennoch hat es einige Jahre gedauert, bis erste Wirkungen zu erkennen waren. Bis weit in die siebziger Jahre hinein konnte ein verheirateter Mann seiner Frau noch untersagen, einer eigenen Beschäftigung nachzugehen und einen eigenen Beruf auszuüben. Immer noch hat die „Züchtigung" einer Frau vor Gericht als minderschweres Vergehen gegolten, von der Kenntnisnahme und strafrechtlichen Verfolgung einer Vergewaltigung in der Ehe ganz zu schweigen. In der Arbeitswelt („gleicher Lohn für gleiche Arbeit"), in den Gesellschaftswissenschaften und in der Politik ist die Forderung nach formaler Gleichberechtigung von Mann und Frau zwar erhoben worden, doch im praktischen Leben war davon nur wenig zu merken. Ist es um die Macht gegangen oder um die Wahrung von Tradition und Moral, ist es um die Ansichten von dem gegangen, was als angemessenes öffentliches Verhalten gegolten hat, ist es darum gegangen, wer in der Familie und vor Gericht das letzte Wort hat, sind fast ausschließlich Männer am Zug gewesen; Frauen sind nur dort beachtet worden, wo sie das männliche Gehabe adaptiert haben. In fast allen Lebensbereichen hat die Unruhe, die an den Universitäten ausgebrochen war, kräftig aufgeräumt und prinzipiell segensreich gewirkt, wie Anna und ich gemeint haben. Die mit dem Begriff „prinzipiell" verbundene Einschränkung haben wir bewusst gemacht, weil uns wohl die Ziele, nicht aber die Radikalität der Proteste gefallen haben.

Zu der Zeit hatte unser Liebesleben eine Gestalt, die später als eine vom moralinsauren Müll des neunzehnten Jahrhunderts befreite Liebe und als Ausdruck der Selbstbestimmung der Frau angesehen worden ist. Um einem Missverständnis vorzubeugen: mit jenen aus der Radikalität der Proteste entstandenen Auswüchsen wie dem der sogenannten freien Liebe oder dem einer beliebigen Partnerwahl haben wir nichts am Hut gehabt, darum ist es uns nicht gegangen. Wir haben uns nur bemüht, aus unserer Beziehung alles herauszuhalten, was nach Dominanz des Mannes, was nach Dominanz abendländisch-christlicher Moralbilder und nach Dominanz überkommener frauenfeindlicher Meinungen und Verhaltensweisen in unserem Beziehungsleben ausgesehen hat.

Natürlich bestreite ich nicht, in meiner Jugendzeit und bis zum Alter von einundzwanzig Jahren, was die großen Linien Freundschaft mit einem Mädchen, Beziehung zum anderen Geschlecht, Liebe und Sexualität betroffen hat, wie alle anderen jungen Burschen auch in den männlich dominierten Verhaltensmustern der damaligen Gesellschaft gefangen – oder zutreffender formuliert, durch diese Muster befangen gewesen zu sein. Doch schon während der Zeit meiner Freundschaft mit einem wunderbaren fünfzehnjährigen Mädchen im Jahr vor meinem Abitur habe ich gesehen, was solche vorschnellen und besonders von männlicher Seite gefällten Urteile wie leichtes Mädchen oder gar Schlampe anrichten können, was sie für das Verhalten eines Mädchens bewirken können, das bereit ist, ehrliche Gefühle zu zeigen; nicht nur im Herzen eines solchen Mädchens, sondern auch in meinem eigenen Herzen. Seitdem habe ich begonnen, jenen Ballast zu erkennen und mich von ihm zu befreien, der heute als toxische Männlichkeit bezeichnet wird. Das hat nicht nur damit zu tun, dass mir schon immer zuwider gewesen ist, ein Lebewesen zu quälen, ein Mädchen zu beleidigen oder ihm sogar Gewalt antun zu wollen. Mit der Beziehung zu meiner ersten Freundin ist die Erkenntnis hinzugekommen, einem Mädchen niemals meinen Willen aufzwingen zu wollen, von ihm niemals etwas zu verlangen, was es nicht auch selber wünscht. Sie war diejenige, die als Fünfzehnjährige beim Küssen als erste ihren Mund geöffnet hat – und die mir mit einem großen Vertrauen begegnet ist. Und dann habe ich erlebt, mit welchen herrlichen Gefühlen ich als junger Bursche, als junger Mann für etwas belohnt worden bin, von dem ich eine zunächst nur nebulöse Vorstellung hatte, von dem ich nicht gewusst habe, was daran richtig oder falsch sein soll!

Mit diesem Rüstzeug versehen bin ich drei Jahre später eine Beziehung zu einem wiederum so wunderbaren Mädchen, zu Anna eingegangen. Mit ihr habe ich erlebt, was es heißt, mich nicht ständig auf einem Eroberungsfeldzug befinden und mich nicht ständig selbst beweisen zu müssen. Ich habe gelernt, wie herrlich eine Liebesbeziehung sein kann, wenn ich das, was geschieht, geschehen lassen kann, wenn ich die von mir be-gehrte junge Frau entscheiden lasse, wie sich unsere Beziehung entwickelt, wenn ich sie entdecken lasse, wie sehr unsere Träume, Wünsche und unser Verlangen sich gleichen. Ich erinnere mich noch, wie erstaunt ich zu Beginn unserer Beziehung gewesen bin, wie ich mich über ihre so schnell erkennbare Bereitschaft gewundert habe, in unserer Beziehung selbst zu handeln. Wie ich mich gewundert habe, einem derart in sich ruhenden und seiner Gefühle sicheren Menschen begegnet zu sein. Jetzt, viele Jahre später nach der Kenntnis ihres Tagebuchs aus dieser Zeit, sehe ich, dass sie durch die nicht immer erwünschten Erlebnisse und Erfahrungen mit Männern, dass sie auf ihrer Suche nach einer Beziehung während der mehrjährigen Achterbahnfahrt ihres Gefühls-lebens erkannt hat, wonach sie sucht. *Wie schnell sich doch Gefühle ändern können! Ich glaube, jetzt bin ich endgültig aus meiner Weltuntergangsstimmung heraus. Man muss das Leben wirklich von seiner komischen Seite betrachten, wenn man nicht verzweifeln will. Ich habe mir fest vorgenommen, mich nicht noch einmal so beeindrucken zu lassen, dass ich fast verrückt werde. Selbst wenn ich jetzt viel allein sein werde, werde ich nicht mehr Trübsal blasen ...* hat sie ihrem Tagebuch kurz vor unserem Kennenlernen anvertraut. Jetzt kann ich verstehen, wie sie sich auf ein Abenteuer einlassen konnte, als sie auf mich, einen unbedeutenden, unscheinbaren und dazu noch jüngeren Mann getroffen ist, der sie allerdings umworben hat und zu dem sie hat Vertrauen finden können.

6

Nach Jahren des einfachen Glücks, nach Jahren der erfolgreichen Beendigung unserer Studienzeit, nach unserer Hochzeit
und dem Beginn einer gemeinsamen Existenz hat das Schicksal
– oder der Zufall? – beschlossen, zum ersten Mal in unserem
Leben zuzuschlagen. Anna und ich haben uns in einer Phase
unserer Beziehung befunden, wie wir sie uns glücklicher nicht
haben vorstellen können. Betrachte ich jetzt die ganzen
sechsundfünfzig Jahre meines Lebens mit Anna, dann hat es
zwei Zeiträume gegeben, in denen wir nicht nur glücklich
gewesen sind, sondern auch voller Zuversicht in die Zukunft
geschaut haben. Der erste Zeitraum waren jene sechs Jahre
nach unserer ersten Begegnung bis zur Geburt unseres ersten
Kindes. In diesem Zeitraum fällt zwar eine über zwei Jahre
dauernde berufsbedingte Trennung und ist deswegen keine
durchgehende Zeit des äußeren Glücks gewesen, es war jedoch
eine Zeit des inneren Glücks und der Erwartung einer
gemeinsamen glücklichen Zukunft. Der viel später gelegene
zweite Zeitraum hat länger gedauert. Es waren jene siebzehn
Jahre vor dem Ausbruch ihrer Krebserkrankung. Die Jahre
zwischen diesen beiden Zeiträumen sind Jahre einer starken
Beanspruchung durch die Entwicklungen in unseren Familien
gewesen. Wegen unserer Kinder haben wir zwar nie sorgenfrei
leben können, doch wir haben uns im Lauf der Zeit in unser
Schicksal einfinden können. In diesen anderen Jahren unserer

Beziehung hat das Schicksal uns zwar immer wieder kräftig durchgeschüttelt, doch unser inneres Glück ist Gott sei Dank unbeschädigt geblieben.

Am Ende jener ersten sechs Jahre unserer Beziehung haben wir wie auf Wolken geschwebt. Unser Wunsch war, einmal viele Kinder zu haben, denen wir eine Heimat geben wollten. An unserer Absicht, Kinder groß zu ziehen hat es weder bei Anna noch bei mir jemals Zweifel gegeben. Die Geburt unseres ersten Kindes, auf das wir uns so sehr gefreut haben, hat bevorgestanden. Alle Vorzeichen haben uns die Gewissheit einer sicheren Geburt vermittelt. Alle Voruntersuchungen hatten ein überaus positives Resultat. Doch jener Schicksalslenker dort oben hat Anderes mit uns vorgehabt: Annas erstes Geburtserlebnis hat sich zu einer Katastrophe entwickelt, unser erstes Kind hat eine Geburt erleben müssen, die es um ein Haar nicht überlebt hat. Nach mehr als zwei Wochen Überlebenskampf in einem Brutkasten der Kinderklinik ist der Kampf vorüber, unser Söhnchen ist kein Sternenkind geworden, er hat überlebt. Um welchen Preis jedoch, das haben Anna und ich erst Jahre später begriffen: wegen einer ausgedehnten Schädigung seines Gehirns ist er in seiner Entwicklung extrem zurückgeblieben, er hat den Entwicklungsstand eines Einjährigen nie mehr verlassen können.

Nie zuvor habe ich Anna so verzweifelt und am Boden liegend erlebt wie nach dieser Geburt. Sie hat sich die heftigsten

Vorwürfe gemacht, sich falsch verhalten und mir als dem Vater eine solche Enttäuschung bereitet zu haben. Ich habe versucht, ihr zu erklären, dass sie nichts falsch gemacht hat, dass sie so gesund wie nur irgend denkbar gelebt und für das in ihr heranwachsende Baby alles getan hatte, was möglich gewesen ist. Ihre tiefe Verzweiflung ist erst dann langsam gewichen, als unser Söhnchen endlich an ihrer Brust gelegen und sich seine warme Mahlzeit geholt hat, als er endlich im zuvor leeren Schlafkörbchen neben unseren Betten gelegen und geschlafen hat. „Anna", habe ich ihr gesagt, „für das, was mit uns und unserem Sohn geschehen ist, trägt keiner von uns irgendeine Schuld. Halsumschlingungen durch die Nabelschnur während einer Geburt kommen immer wieder vor und sind norma-lerweise nicht gefährlich. Nur unser Sohn hat bei der Geburt Pech gehabt, weil die Nabelschnur zu kurz gewesen ist und während der Geburt zugezogen wurde." Ob meine Worte für Anna ein Trost gewesen sind, weiß ich nicht mehr. Dazu war der Beginn unseres Familienlebens, den wir uns ganz anders vorgestellt hatten, noch viel zu chaotisch. Aus welchem Holz Anna geschnitzt ist, habe ich in den Monaten danach erlebt, als sie sich wieder fangen konnte, als sie wieder aufgestanden ist, als sie bereit war, das uns beschiedene Schicksal anzunehmen, als sie wieder Lebensmut fassen konnte, als sie unsere wun-derbare Liebesbeziehung wieder aufgenommen hat.

Als Anna über zwei Jahre nach dieser Problemgeburt erneut schwanger war, haben wir natürlich befürchtet, uns könnte wieder Ähnliches passieren. Das ist aber Gott sei Dank nicht geschehen. Im Gegenteil, das Heranwachsen unseres zweiten Babys in ihrem Leib und die Geburt sind völlig problemlos gewesen. Die Geburt unseres Töchterchens ist so schnell erfolgt, dass ich sie gar nicht mehr vor Ort miterleben konnte, obwohl das verabredet gewesen war und ich das eigentlich gewollt hatte. Unsere Tochter ist auch in anderer Hinsicht schnell gewesen: sie hat sich schnell entwickelt, war bald sauber, konnte mit zehn Monaten laufen und hat mit einem Jahr schon geschwätzt wie eine Alte. Für Anna und mich ist sie damals eine einzige Freude gewesen und später eine einzige Freude geblieben.

In unserem Arbeitsleben, in unseren Berufen haben wir uns wohl gefühlt und sind erfolgreich gewesen, als es dem Schicksal gefallen hat, erneut zuzuschlagen; diesmal außerhalb unserer Familie an einer anderen Front. Jetzt hat es mich getroffen. Ich habe nach dem Ende meines Studiums und der Promotion im Institut meines Doktorvaters eine Stellung als wissenschaftlicher Mitarbeiter mit der Aussicht auf die Leitung eines noch zu gründenden Kristalllabors gehabt. Aus heiterem Himmel heraus ist mein Chef als Ordinarius und Institutsdirektor einem Herzinfarkt erlegen. Der bald berufene neue Ordinarius hat seine eigenen Mitarbeiter mitgebracht, zudem hatte er ganz andere Forschungsinteressen als diejenigen, denen ich nachgegangen bin. Der vorzeitige Tod eines Ordinarius hat damals für die meisten seiner bisherigen Mitarbeiter das Ende ihrer Laufbahn an seinem Institut bedeutet; so auch bei mir. Meine weitere berufliche Zukunft hat zu einem Zeitpunkt plötzlich auf dem Spiel gestanden, als Anna und ich zwei kleine Kinder hatten, eines davon schwerbehindert, und als wir bis über beide Ohren verschuldet waren, weil wir gerade ein Haus erworben hatten. Jetzt mussten wir fast drei Jahre Notzeit hinter uns bringen, in denen ich mich für eine völlig andere Berufslaufbahn zu qualifizieren hatte. Das sind Jahre gewesen, in denen wir wieder erlebt haben, was arm sein bedeutet. In denen ich mich mit gymnasialer Pädagogik herumzuschlagen hatte, etwas, woran ich vorher nicht im Traum gedacht hatte. Mit der fünften großen Prüfung meiner Ausbildung, dem Assessorexamen, habe ich wieder eine sichere Lebensstellung erlangen können. In diesen Jahren ist Anna der Rettungsanker für unsere Familie gewesen. Nicht nur als Haupternährerin hat sie Verantwortung übernehmen müssen; ihre Kraft, ihre Liebe, ihr Optimismus haben unseren Kindern und mir das Überleben gesichert.

Wir hatten gerade begonnen, uns wieder auf der sicheren Seite zu fühlen, als das Schicksal beschlossen hat, erneut seine Krallen auszufahren. Noch vor meinem letzten Examen war Anna überraschenderweise wieder schwanger. Die Schwangerschaft ist wie die beiden vorherigen problemlos verlaufen, wir haben uns auf unser drittes Kind gefreut. Diese Freude hat angehalten bis zum Tag der schnellen Geburt, die ich diesmal neben ihr sitzend und ihre Hand haltend miterleben konnte. Doch ich habe sofort erkannt: unser Töchterchen, das ihr in die

Arme gelegt worden ist, ist kein normales Kind, es ist ein besonderes Kind, es hat das Down-Syndrom. Schon wieder habe ich eine Anna erleben müssen, die zerstört am Boden gelegen hat, die verzweifelt gewesen ist, die sich die heftigsten Vorwürfe gemacht hat. „Suche dir eine andere Frau, die dir gesunde Kinder schenken kann", hat sie mir gesagt, als sie keine Tränen mehr hatte. „Das kommt niemals in Frage!" habe ich ihr versichert, ich würde sie über alles lieben und nie verlassen. Es hat einige Monate gedauert, bis sie ihren Lebensmut wiedergefunden hat. Bis sie erneut gezeigt hat, aus welch gutem Holz sie geschnitzt ist.

Von außen betrachtet hat das Schicksal Anna, unseren Kindern und mir in den folgenden Jahren eine ziemlich lange Ruhepause gegönnt. Wir hatten ein Berufsleben, das uns zufrieden gestellt hat, wir hatten ein sicheres Einkommen, Anna hat ihr Stundendeputat erniedrigt, weil sie sich um unsere Kinder kümmern wollte. Wir haben in einem Haus gelebt, das uns zwar längst noch nicht gehört hat, das uns aber nach etwa zwanzig Jahren gehören würde. Uns war bewusst: die Betrachtung von außen täuscht etwas vor, was von innen betrachtet ganz anders ausgesehen hat. Zu den üblichen Problemen einer jungen Familie mit drei kleinen Kindern sind die Entwicklungsprobleme unserer beiden Sorgenkinder hinzugekommen, die uns nie zur Ruhe kommen ließen. Unser jüngeres Töchterchen ist zwar das liebe Kind geworden, das uns von der befreundeten Hausärztin vorhergesagt worden ist, doch ihre Entwicklungsverzögerungen, ihre geistige Behinderung sind neben ihrem mongoloiden Aussehen unverkennbar gewesen. Angesichts der rasanten Entwicklung unserer älteren Tochter ist das besonders auffällig gewesen. Mit der Förderung unseres Sohnes hat Anna sich die größte Mühe gegeben, obwohl in seiner Entwicklung außer dem tapsigen aufstehen Können keinerlei weitere Fortschritte mehr erreicht werden konnten. Bei allen Mühen um unsere beiden Sorgenkinder haben wir unser älteres Töchterchen nicht vernachlässigen dürfen.

In dieser Zeit der Sorgen um unsere eigene Familie hat Anna die Kümmernisse mit ihren Eltern und ihren Brüdern nie beiseiteschieben können. Ihre Eltern haben sich, seit sie denken kann, nicht vertragen können. Ihre Mutter hat Anna als ihr Seelenklo betrachtet, das ihr jederzeit zur Verfügung zu stehen hat. Ihre Brüder sind unglücklich verheiratet gewesen; die Frau des Älteren hat immer stärker unter Depressionen gelitten und schließlich den Tod in einem See gesucht; die Frau des Jüngeren hat nach einer unsäglichen Auseinandersetzung, die vor Gericht mit einer Scheidung geendet hat, nicht nur den Faden zu ihm, sondern auch den zu seinen drei Kindern vollständig zerschnitten. Als der Vater Annas verstorben ist und ihre Mutter sich auch bei ihrem älteren Sohn alleingelassen gefühlt hat, hat sie unbedingt bei ihrer Tochter leben wollen. Eine Umsiedlung in ein Seniorenstift in unserer Nähe hat sie kategorisch abgelehnt. Damit haben wir, Anna und ich, vor einem Problem gestanden. Wie können wir ihre damals vierundachtzigjährige

Mutter in unserer Nähe unterbringen? Ich habe gewusst, wie problematisch das Verhältnis von Mutter und Tochter gewesen ist und habe zunächst darauf gedrungen, ihre Mutter davon zu überzeugen, dass es eine andere Möglichkeit als den Umzug in ein Seniorenstift nicht gibt. Doch ich habe weder mit der störrischen Haltung ihrer Mutter noch mit ihrem nach wie vor vorhandenen Einfluss auf das Gefühlsleben Annas gerechnet. So ist nur noch unser Haus geblieben, in dem wir als fünf-köpfige Familie gelebt haben.

Unser Haus ist jedoch nicht so aufzuteilen gewesen, dass die Lebensbereiche von Mutter und Tochter hinreichend vonein-ander getrennt werden konnten. Weil wir uns das mittlerweile finanziell leisten konnten, haben wir uns für die sogenannte große Lösung entschieden: den Anbau einer Einliegerwohnung an unser Haus auf der Gartenseite. Anna und ich sind uns darin einig gewesen, dass dieser Anbau keine Luxusinvestition ist, sondern uns auch dann nützen wird, wenn Annas Mutter nicht mehr lebt. Nachdem diese Kraftakte, Chaos im Haus wegen des laufenden Anbaus und Wiederherstellung des Gartens, ge-schafft waren, hat Annas Mutter zufrieden bei uns leben können. Das Verhältnis zwischen Anna und ihrer Mutter, das früher nie spannungsfrei gewesen ist, hat natürlich auch jetzt das Zusammenleben schwierig gemacht. Doch die räumliche Trennung der Wohnbereiche und die Tatsache, dass unsere jüngere Tochter sich mit ihrer Omi Gott sei Dank gut vertragen und gern bei ihr aufgehalten hat, hat die Situation für uns erträglich gemacht.

7

Bis das Schicksal nach sieben Jahren Zusammenleben von sechs Personen und drei Generationen in unserem Haus gemeint hat, nun reicht's aber mit der Ruhe! Nach einem Oberschenkel-halsbruch und zwei nachfolgenden Operationen ist Annas vor-mals so sehr auf Selbständigkeit bedachte Mutter ein Pflegefall geworden. Zu einer Umsiedlung in eine Pflegeeinrichtung ist sie jedoch wiederum nicht bereit gewesen, wieder hat sie katego-risch gesagt: „In ein Heim werde ich niemals gehen!" Nun galt es für Anna und mich, tagsüber während unserer berufsbe-dingten Abwesenheit ambulante Pflegedienste zu organisieren und an den Abenden, in den Nächten, an den Wochenenden und in den Ferienzeiten die Pflege selbst zu übernehmen. Das Schlimmste sind die Nächte gewesen, in denen wir nur wenig Schlaf haben finden können. Immer wieder ist Anna von ihrer Mutter gerufen worden. Dieser Schlafmangel hat Anna im Verlauf der Pflegejahre sehr angegriffen: drei Kinder im Haus, zwei davon behindert, ihre Arbeit an der Schule und jetzt noch die Pflege ihrer Mutter im Verein mit unruhigen Nächten. Wäre unsere jüngere Tochter nicht bereit gewesen, die Klagen und Launen ihrer Omi so gleichmütig hinzunehmen und viele ihrer kleinen Aufträge klaglos zu erfüllen, hätte sie nicht so viel mithelfen und unterstützen können, hätte es passieren können, dass Anna unter dieser Last zusammenbricht und mir unter der Hand wegstirbt! Dieser Zustand hat dreieinhalb Jahre lang angehalten, bis die Erlösung für Anna gekommen ist: ihre Mutter ist im Alter von fast sechsundneunzig Jahren in unserem Haus verstorben.

Trotz aller Unglückszeiten in unserer Familie: auf Urlaubsreisen, auf das Verlegen unseres Familienlebens für einige Tage in eine andere Umgebung als die unseres Wohnorts, haben wir früher nie verzichten wollen. Doch in den zehn Jahren, die Annas Mutter bei uns gelebt hat, haben wir weitgehend vergessen müssen, was Urlaub ist. Wenn jemand von uns urlaubsreif gewesen ist, dann Anna! In diesen zehn Jahren sind unsere Kinder groß geworden. Unser Sohn hat einen Platz in einer stationären Einrichtung unserer Stadt bekommen können. Unsere ältere Tochter hat ihr Abitur gemacht und ein Studium an der Uni aufgenommen. Unsere jüngere Tochter hat ihr letztes Schuljahr an einer Sonderschule absolviert. Jetzt nach dem Tod ihrer Mutter wäre endlich Zeit, haben Anna und ich uns gedacht, sich Erholung und Urlaub zu wünschen. Doch das ist ein schöner Traum geblieben. Jetzt hat unsere jüngere Tochter uns in Atem gehalten. Nachdem ihre glückliche Schulzeit an der Sonderschule zu Ende gegangen ist, haben wir uns die Frage stellen müssen: und was jetzt? Weil das für möglich gehalten worden ist, hat sie mit der Hilfe des Schulleiters einer Hauptschule und dem unermüdlichen Einsatz Annas ein Jahr lang die Hauptschule besucht und einen eingeschränkten

Hauptschulabschluss erwerben können. Nach diesem Jahr wieder die Frage: und was jetzt? Welche Zukunft gibt es für unsere jüngere Tochter, und was können wir Eltern tun, um ihr zu einem eigenen Leben zu verhelfen, in dem sie sich geborgen fühlt? Zwei geplante Jahre an einer Berufsbildungsstätte weit weg von ihrem Elternhaus mussten abgebrochen und auf eines reduziert werden, weil sie mit Absicht überfordert worden ist. Nach einem Intermezzo in einer Behindertenwerkstatt haben wir einen Platz für sie in einer gerade neu gegründeten Einrichtung mit Werkstätten für geistig und seelisch beeinträchtigte erwachsene Menschen gefunden; wiederum weit weg von ihrem Elternhaus. Dort hat sie sich schnell heimisch gefühlt, dort hat sie bis zu ihrem Tod glücklich leben und arbeiten können.

Ich weiß noch, wie Anna und ich nach so vielen Jahren zum ersten Mal wieder eine unbeschwerte Reise antreten konnten, zum ersten Mal wieder eine andere Umgebung erlebt haben, zum ersten Mal erlebt haben, wieder nur für uns da zu sein. Wir sind in die oberbayrischen Alpen in die Nähe des Wohnorts des älteren Bruders von Anna gereist. Dort haben wir erst wieder lernen müssen, Urlaubsgefühle zu entwickeln. Dort haben Anna und ich wieder zu uns, zur Ruhe, zu den Schönheiten der uns umgebenden Natur und zu den Schönheiten unserer Liebesbeziehung gefunden. Wir waren mittlerweile über fünfundfünfzig Jahre alt und hatten so nebenbei unsere fünfzigsten Geburtstage und unsere Silberhochzeit mit unseren Familien und unseren Freunden in einer mittelalterlichen Burg hinter uns gebracht. Und wir hatten echt genug von irgendwelchen Schicksalsschlägen. Wie weiter oben schon beschrieben, gehörten die siebzehn Jahre, die jetzt gefolgt sind, neben den ersten sechs Jahren unserer Beziehung zu den glücklichsten Jahren, die wir zusammen erleben durften. Diese siebzehn Jahre sind allein deswegen so glücklich geworden, weil Anna zuvor nicht in Depressionen versunken war, sondern ihren Lebensmut und die Freude an unserer Beziehung und an unserer herrlichen Sexualität immer wiedergewonnen hat. Das gute Holz, aus dem sie geschnitzt ist, hat ihr immer wieder zur Entfaltung ihrer Kraft, ihrer seelischen Stärke und ihres Gefühlsreichtums helfen können.

Diese siebzehn Jahre sind auch deshalb eine glückliche Zeit gewesen, weil wir unsere Kinder gut versorgt wussten. Unser Sohn und unsere jüngere Tochter fühlten sich in den Einrichtungen, in denen sie lebten, wohl. Unsere ältere Tochter hat nach dem erfolgreichen Ende ihres Studiums und nach einer kurzen Praktikumszeit eine gut bezahlte Anstellung in einer weiter entfernten Großstadt antreten können. Eine dauerhafte Beziehung zu einem Mann zu finden ist ihr sowohl während ihres Studiums wie auch noch in den ersten Jahren ihres Berufslebens versagt geblieben. Darüber haben Anna und ich öfter nachdenken müssen. Als wir schon glaubten, der Zug für unsere Tochter wäre abgefahren, hat sie einen Arbeitskollegen geheiratet und schnell hintereinander zwei Kinder geboren, ein Mädchen und einen Jungen. Für Anna und mich sind unsere Enkelkinder zum Sonnenschein unseres Alters geworden, wir lieben sie und sie lieben uns.

Anna hat ihr erfolgreiches Berufsleben mit dreiundsechzig Jahren, ich drei Jahre später mein Berufsleben mit fünfundsechzig Jahren beendet. Im Jahr meiner Pensionierung sind meine Mutter im Alter von fast sechsundneunzig Jahren und der jüngere Bruder Annas verstorben, drei Jahre später völlig überraschend mein Bruder. Mit dem Tod meiner Mutter und meines Schwagers sind Haushaltsauflösungen verbunden gewesen, die uns einige Zeit in Atem gehalten haben. Diese Zeit ist für Anna und mich aber längst nicht so schwierig gewesen, weil unsere eigene Familie uns Ruhe gegeben hat, und weil das Schicksal eine Pause eingelegt hat, bevor es ihm eingefallen ist, wieder aktiv zu werden.

Uns sind noch ein paar Jahre beschaulichen Ruhestandslebens vergönnt gewesen, bevor es bei Anna wieder eingeschlagen hat. Nach einer Biopsie ist bei ihr ein inflammables Mammakarzinom diagnostiziert worden, ein seltener und hochgefährlicher Krebs, der schlagartig eine ganze Brust erfasst hat, die sofort operativ entfernt werden musste. Und schon wieder habe ich eine Anna erleben müssen, die zerstört am Boden gelegen hat! Wir hatten nur wenig Erfahrung mit Krebserkrankungen, haben aber schnell begriffen, dass es hier nicht um das sogenannte Knötchen in einer Brust gegangen ist, sondern um ihr Leben. Unser Dasein als Ruheständler hatten wir uns wahrlich anders vorgestellt! Jetzt sind unsere Tage mit Therapiemaßnahmen ausgefüllt, zuerst mit Bestrahlungen und dann mit Chemotherapien. Anna ist es ganz schlecht ergangen, sie hat nicht nur eine Brust, sie hat auch alle Haare verloren. „Kannst du mich überhaupt noch leiden?" hat sie mich gefragt. Bei den fortwährenden stundenlangen Therapiesitzungen hat sie versucht, sich in die Krebsliteratur einzulesen. Als der Krebs ihre zweite Brust befallen hat, die nicht mehr abgenommen werden konnte, und als keine der Therapien genutzt haben, hat sie sich mit meinem Einverständnis dafür entschieden, alle weiteren Therapien abzubrechen. Danach ist es ihr eine Zeit lang wieder besser gegangen, doch uns beiden war bewusst, sie hat sich für ihren baldigen Tod entschieden.

Statt unsere Goldene Hochzeit in einem größeren Kreis zu feiern, habe ich für die Erfüllung eines Wunsches von ihr gesorgt: eine Mittelmeerkreuzfahrt. Mit der Familie unserer älteren Tochter sind wir fast zwei Wochen auf einem Schiff unterwegs gewesen. Sie hat diese Zeit sehr genossen, denn ihr war bewusst: damit ist es bald vorbei. Ihr Kampf gegen das Sterben hat noch zwei weitere Jahre gedauert, Jahre, in denen wir nach alternativen Krebsbehandlungen gesucht haben, in denen der in ihrem Körper wuchernde Krebs für weitere Leiden gesorgt hat, in denen ich versucht habe, ihr das Leben so angenehm wie möglich zu machen. Sie hat zwei Wochen einer bestmöglichen Betreuung in der Palliativstation der Uniklinik erleben können, dann hat sie unbedingt nach Hause gewollt. Dort habe ich unsere Töchter in ihr Elternhaus gerufen, damit sie sich von ihrer Mutter verabschieden konnten. Gerade neunundsiebzig Jahre alt geworden hat sie in unserem Haus ihren letzten Atemzug getan. Ich bin im Augenblick ihres Todes bei ihr gewesen und habe vergeblich versucht, zu begreifen, was gerade geschehen war.

Im letzten Jahr ihres Lebens habe ich wie in einer Blase gelebt. Mein Tages- und mein Gefühlsleben waren vollständig auf Anna konzentriert und darauf, nur für sie da zu sein. Und plötzlich ist sie nicht mehr bei mir gewesen! So etwas wie die ungeheure Leere, die mich nach ihrem Tod umgeben hat, habe ich noch nie zu spüren bekommen. Hätte der Schicksalslenker dort oben beschlossen, auch mein Leben sofort zu beenden, ich hätte nichts dagegen gehabt, im Gegenteil, ich wäre glücklich gewesen. Nein, das Schicksal hat weitere Prüfungen für mich vorgesehen. Nur wenige Wochen nach Annas Tod haben mich jene Ereignisse ereilt, von denen ich zu Beginn dieses Buches berichtet habe. Sie haben mich auf brutale Weise aus meiner Trauer herausgerissen, sie haben mir klar gemacht: das Leben geht weiter.

Seit Annas Tod sind schon wieder sieben Jahre vergangen, sieben Jahre ohne sie, ohne ihr Lachen, ohne ihre Lebensfreude, ohne ihre wunderbare Liebe. Ich hätte nicht gedacht, dass ich einen so langen Zeitraum ohne sie überleben könnte, doch es ist offenbar möglich. In diesen Jahren ist Anna immer bei mir gewesen. Das ganze Haus atmet ihr Wirken, gleichgültig, wohin ich blicke, überall sehe ich Erinnerungen an sie. In einem unserer letzten Gespräche vor ihrem Tod hat sie von ihrer Sorge um unsere Kinder gesprochen und mir aufgegeben, mich um sie zu kümmern. Daran muss ich jetzt immer wieder denken. Denn Gott sei Dank hat sie den viel zu frühen Tod unserer jüngeren Tochter vor über zwei Jahren nicht mehr miterleben müssen! Ich bin mir nicht sicher, ob sie diesen Schicksalsschlag nach allem, was sie in ihrem Leben hat erdulden müssen, noch hätte ertragen können. Mitten in einer Phase meines Lebens nach Annas Tod, in der ich wieder begonnen hatte, Fuß zu fassen, ist unsere jüngere Tochter an einem Gehirnschlag verstorben. Dieses Erlebnis hat mich dann endgültig veranlasst, den Sinn meines restlichen Daseins vor allem darin zu sehen, in Büchern festzuhalten, was wir gemeinsam erlebt haben, was für uns bedeutsam gewesen ist, was wir haben schaffen können. Parallel dazu versuche ich, aus den vielen Aufzeichnungen aus meiner Berufszeit, in der ich schon viele kürzere Fachartikel habe veröffentlichen können, zusammenfassende Sachbücher zu destillieren. Zusammen mit der Unterstützung meiner älteren Tochter auf ihrem neuen Lebensweg halten diese Projekte mich am Leben, sie geben meinem Leben nach Annas Tod und dem Tod meiner jüngeren Tochter noch einen Sinn.

8

Wenn es mir gelingen könnte, meinen Lebenslauf völlig ohne Gefühlsregungen, quasi wie ein Unbeteiligter oder nicht Betroffener nüchtern und emotionslos zu betrachten, was würde ich dann sehen? Wie sähe der Katalog jener Ereignisse aus, die mein Leben entscheidend geprägt haben, die dafür gesorgt haben, dass ich mein Leben so führen musste, wie es geschehen ist? Zu Beginn dieses Buches habe ich geschildert, welche große Anzahl von Zufällen dazu geführt hat, Anna, der Liebe meines Lebens, zu begegnen, um danach mit ihr das Leben zu führen, von dem berichtet worden ist. Bis zum Eintritt des ersten Schicksalsschlags sechs Jahre nach unserer ersten Begegnung, nach dem Beginn unserer großen Liebe, habe ich geglaubt, etwas anderes als die von uns erträumte Zukunft kann es gar nicht geben. Zwar sind wir nicht so naiv gewesen zu glauben, das Leben sei einfach und alle Wünsche könnten erfüllt werden; das hatten wir beide in den ersten sechs Jahren schon zu spüren bekommen. Doch solange wir glaubten, das Heft in der Hand zu halten, haben wir immer eine helle Zukunft vor uns gesehen.

Und dann ist mit kürzeren und längeren Pausen zwischen den Ereignissen das geschehen:

(1) Die Geburt unseres ersten Kindes wird zu einer Katastrophe; unser Sohn überlebt, bleibt aber für seine Lebenszeit schwerbehindert;

(2) Meine akademische Laufbahn wird durch den Tod des Ordinarius beendet; ich muss eine völlig neue Ausrichtung meines Berufslebens finden, während Anna unsere Familie zusammenhält;

(3) Als drittes Kind kommt eine Tochter mit Down-Syndrom zur Welt; sie wird zeitlebens geistig behindert sein;

(4) Anna muss über drei Jahre lang ihre anspruchsvolle Mutter pflegen; sie hat diese Zeit nur knapp überlebt;

(5) Anna kämpft fast fünf Jahre lang gegen einen tödlichen Krebs, bevor sie sterben muss;

(6) Gleich nach Annas Tod wird meine Gesundheit durch drei Operationen schwer beeinträchtigt; ich bin nur noch mit einem Rollator unterwegs;

(7) Unser drittes Kind stirbt an einem Gehirnschlag; von meiner engeren Familie leben nur noch drei Personen; nur eine von ihnen kann ein normales Leben führen, meine ältere Tochter.

Welche Bilanz eines Lebens, würde ein Unbeteiligter sagen, vor dem ein solcher Katalog von Schicksalsschlägen aufgeschlagen wird! Jener Unbeteiligte könnte sich fragen, ob ein Mensch solche Unglücke und die endlosen Sorgen überleben kann, ohne irgendwann zu verzweifeln; ohne in die Rolle eines Menschen zu fallen, der Gott, das Schicksal und die Welt beklagt. Diesem Unbeteiligten kann ich mitteilen, dies war die eine, die schreckliche Seite des Lebens. Es hat eine andere Seite gegeben, eine Seite, auf der ich viel menschliches Glück mit der Liebe einer wunderbaren Frau gefunden habe, eine Seite, auf der mir Erfolg im zweiten Berufsleben, in ehrenamtlichem Engagement und in Hobbys beschieden war.

Es ist wahr, in den Wochen nach Annas Tod habe auch ich mich am Ende gefühlt, bin ich bereit gewesen, sofort zu sterben. Unmittelbar nach ihrem Tod hätte ich auch meinen Tod als die bessere Lösung empfunden. Ich habe an unseren Sohn denken müssen, dessen Tod nach jener fürchterlichen Geburt ich einige Zeit später auch als die bessere Lösung für ihn empfunden hätte. Doch mit seinem Überleben und mit der Annahme seines Schicksals hat für Anna und mich eine Reise in eine völlig andere Zukunft begonnen, die wir uns so nie haben vorstellen können. Jetzt nach etlichen weiteren Unglücken vermag ich das einigermaßen nüchtern zu sehen. Damals jedoch, als mit ihm ein völlig neues Leben begonnen hat, war eine solche Sicht für Anna und mich unmöglich, unser erstes Kind, unser Sohn ist sofort Teil unseres Lebens geworden. Sein Tod hätte uns damals stärker getroffen als sein späteres so außerordentlich eingeschränktes Leben.

Nach Annas Tod und dieser Kette von Schicksalsschlägen hat sich bei mir eine andere Sicht vom Sinn des Restes meines Lebens entwickelt. Solange das Schicksal mir noch Klarheit im Kopf und ein Minimum an Beweglichkeit zubilligt, sind für mich noch einige Aufgaben zu erfüllen: das Gedenken an Anna und das wunderbare Leben mit ihr zu erhalten, indem ich es aufschreibe; den Lebensweg meiner älteren Tochter und ihrer Familie so kräftig wie möglich zu unterstützen, weil ich das finanziell kann; und die vielen unvollendet gebliebenen Arbeiten aus meinem beruflichen Leben und aus meinen Liebhabereien endlich fertigzustellen. Mittlerweile bin ich so weit, nicht so bald sterben zu wollen und hoffe, dass mir noch genügend Zeit gegeben wird, diese Aufgaben zu einem guten Ende bringen zu können.

Doch bevor ich davon berichte, möchte ich noch ein paar Worte zu jenem Lebensbereich anfügen, der mittlerweile abgeschlossen ist: Annas und meinem ehrenamtlichen Engagement. Die Geburt unserer beiden Sorgenkinder hat auch zur Folge gehabt, die Existenz ähnlicher Schicksale in anderen Familien und die gerade in dieser Zeit entstehenden sozialen Einrichtungen für diese Sorgenkinder nicht nur zur Kenntnis zu nehmen, sondern tatkräftig zu unterstützen. Für uns waren das zunächst die Fördereinrichtung für unseren Sohn und die Sonderschule für unsere jüngere Tochter und die dort vorhandenen Elternvertretungen, später sind ihre Lebensorte mit den besonderen Häusern, den Mitarbeitern und den

Werkstätten bedeutsam geworden. Ohne uns großartig zu verabreden haben Anna und ich die anstehenden Aufgaben geteilt. Während Anna sich mehr auf den Erhalt unserer Familie und die Versorgung unserer Kinder konzentriert hat, habe ich mich mehr um die Einwirkung von uns Eltern auf die Arbeit der sozialen Einrichtungen und deren Umfeld gekümmert. Wir sind zwei örtlichen Vereinen beigetreten, in denen sich mit uns auch andere betroffene Eltern mit beeinträchtigten Kindern gefunden haben. Dort bin ich schnell in den Vorstand gewählt worden und habe zeitweise auch dessen Vorsitz wahrgenommen.

Von einem dieser Vereine aus bin ich als Elternvertreter in den Geschäftsführenden Ausschuss jener Einrichtung entsandt worden, in der unser Sohn die Tagesstätte besucht hat. Dieser Geschäftsführende Ausschuss hat die Führung dieser wachsenden Einrichtung wahrgenommen. Er hat aus dem Leiter der Einrichtung, einem Pastor und Psychologen, drei Universitätsprofessoren als psychologische, neuropsychiatrische und behindertenpädagogische Fachleute, und aus mir bestanden; in unserer Hand haben zentrale Entscheidungen dieser Einrichtung gelegen. In diesem Gremium, das jeden Montagabend ab 20 Uhr bis ultimo getagt hat, habe ich zehn Jahre lang unentgeltlich mitgearbeitet. In diesen Jahren wurde die stationäre Abteilung dieser Einrichtung geplant, erbaut und in Betrieb genommen. Dort hat unser Sohn Aufnahme gefunden, dort lebt er bis heute. Anna hat meine mit diesem Engagement verbundenen Abwesenheiten aus unserer Familie nicht nur geduldet, sie hat mich bestärkt, wann immer das notwendig gewesen ist.

Jahre später, als unsere jüngere Tochter in ihrer Einrichtung eine Heimat gefunden hatte, sind Anna und ich nicht nur Mitglieder eines Fördervereins geworden, in dessen Vorstand ich bald gewählt worden bin. Wir haben uns auch an der Gründung einer Förderstiftung aus dem Kreis der Angehörigen heraus beteiligt. Von Anfang an habe ich mich im Vorstand dieser Stiftung befunden, nach anderthalb Jahren als dessen Vorsitzender. Mit der Gründung einer Stiftung haben Anna und ich uns auf ein vorher völlig unbekanntes Terrain begeben. Auch im Kreis der Angehörigen war niemand, der sich in den drei zentralen Arbeits- und Wirkungsbereichen einer Stiftung genügend gut ausgekannt hat: dem rechtlichen, dem verwaltungstechnischen und dem finanziellen Bereich. Die Erträgnisse aus unserem kümmerlichen Gründungsvermögen waren so gering, dass eine professionelle Unterstützung nicht finanzierbar war. Es galt also, sich genügende Kenntnisse zu verschaffen, um eine Kleinststiftung am Leben zu halten. Zwölf Jahre später habe ich meinem Nachfolger im Vorstandsvorsitz eine mittlere Stiftung übergeben können, deren Wirksamkeit nicht nur am Ort der Einrichtung Beachtung gefunden hat.

Wie habe ich den Anfang unseres Stiftungsabenteuers in einem meiner Stiftungsblätter einmal geschildert? „Wir sind in einem Boot gestartet, von dem wir nicht wussten, ob es seetauglich ist; in eine Richtung, von der wir nicht wussten, ob sie uns zu einem Ziel führen wird; mit einer Besatzung, die zur Führung eines Bootes nur wenig Erfahrung mitbringen konnte; und mit Hoffnungen, von denen wir nicht wussten, wie realistisch sie sind." Als ich diese Zeilen geschrieben habe, war ich längst im Ruhestand. Dennoch sind die Gründung und zwölf Jahre dauernde Führung einer gemeinnützigen Stiftung eines der lehrreichsten Abenteuer meines Lebens gewesen.

In meiner beruflich aktiven Zeit am Gymnasium habe ich mich neben meinen täglichen Verpflichtungen auch für nebenberufliche Tätigkeiten bereit gefühlt. Ich habe im Auftrag der Otto Benecke Stiftung Mathematikkurse von Spätaussiedlern, vorwiegend aus Russland, übernommen, die zum Abitur geführt werden sollten bzw. deren Abitur nachzuholen war.

Als Not am Fachmann war, habe ich am Abendgymnasium zwei Mathematikkurse übernommen und zum Abitur geführt. Als es um die Neubesetzung der Leitung des Abendgymnasiums gegangen und man an mich herangetreten ist, habe ich erst geschwankt. Die Leitung eines Gymnasiums und die Beförderung zum Oberstudiendirektor wären so etwas wie die Krönung meiner Berufslaufbahn gewesen. Doch mit Anna zusammen habe ich mich für das Tagesgymnasium und meine Stellung als Studiendirektor entschieden, weil der besondere Tagesablauf am Abendgymnasium nicht zu den Verpflichtungen in meiner Familie gepasst hat. Aus diesem Grund habe ich auch später die

Chance zur Übernahme der Leitung eines anderen Tages-
gymnasiums ausgeschlagen.

Vom Dekan der in der Nähe gelegenen Außenstelle der neu-
gegründeten Gesamthochschule einer benachbarten Großstadt bin ich gebeten worden, Grundkurse in experimenteller
Physik zu übernehmen. Diese Veranstaltungen sind recht
interessant gewesen, habe ich doch mit jungen Erwachsenen zu
tun gehabt, denen einerseits Kenntnisse zu vermitteln waren,
die noch weit unter Kenntnissen von Abiturienten eines
Gymnasiums anzusiedeln sind, denen ich andererseits aber in
ihrem Studienziel anwendbare praktische Physik zu bieten
hatte.

Der Leiter der Volkshochschule der Universitätsstadt hat mich
gebeten, zu jener Zeit, als die großen Diskussionen und die
nachfolgenden Proteste um die Errichtung von Kernkraft-
werken und um das Problem der Endlagerung von hoch-
radioaktivem Material stattgefunden haben, einen Infokurs zu
diesem Thema zu übernehmen. Dieser Infokurs ist „für
Hausfrauen" im Angebot der Volkshochschule erschienen –
und tatsächlich gewählt worden. Diese Veranstaltung ist jedoch
ein großer Reinfall geworden. Denn statt der erwarteten Hausfrauen war der Hörsaal mit lärmenden und protestierenden
Kernkraftgegnern gefüllt, mit denen keine Sachdiskussion hat
stattfinden können.

Als Vertreter der Gymnasien habe ich im Auftrag der Universität in einem Gremium mitgearbeitet, das Immaturenprüfungen durchführt. Nach Abschluss einer Berufsausbildung und nach dem Besuch von Vorbereitungskursen der Volkshochschule können erwachsene Interessenten über eine Immaturenprüfung die fachgebundene Hochschulreife erwerben. Ich bin Mitglied der dreiköpfigen Prüfungskommission gewesen, die jeweils aus dem Hochschullehrer des gewünschten Studienfaches, dem Leiter der Volkshochschule und mir bestanden hat. Meine Mitgliedschaft in dieser Kommission war besonders dann wichtig, wenn es um die Vergabe einer Zensur gegangen ist, denn außer mir hatte kein anderer Prüfer vergleichbare Erfahrung in der Abgabe einer Beurteilung gehabt.

Alles das ist möglich gewesen, weil Anna immer mitgespielt hat, ohne zu murren. Ich habe mich nach dem abrupten Ende meiner wissenschaftlichen Laufbahn gerade zu Beginn meiner Laufbahn am Gymnasium auf diese genehmigten Nebentätigkeiten eingelassen, weil ich Spaß daran hatte, weil ich vorankommen wollte, und weil Anna und ich in jener Zeit diese Nebeneinkünfte gut gebrauchen konnten. Später, als ich in das Schulleitungsgremium berufen worden bin, mussten diese Engagements zurückgefahren werden.

Schon seit meiner Jugendzeit hatte ich außerhalb der Schule viele Interessen, die mir bis ins hohe Alter Freude bereitet haben. Es hat mit dem Sammeln von Briefmarken begonnen;

erst mit dem Spiel und dann mit Planung und Bau von Modelleisenbahnanlagen; erst mit dem Nachbau, dann mit der eigenen Konstruktion von Flugmodellen; erst mit dem Üben auf
dem Klavier und dann mit eigenen Kompositionen; erst mit
dem Lesen von archäologischer Literatur und dann mit dem
Wunsch, nach dem Abitur Archäologie zu studieren. Was ich
dann tatsächlich studiert habe, war Physik. Dazu hatte mir mein
Vater geraten, und dabei ist es dann geblieben.

Mit Beginn des Studiums und fern vom Elternhaus bin ich
jedoch in ein Loch gefallen. Ich war damals wohl der jüngste
Normalstudent an der Uni. Mit achtzehn Jahren hatte ich mein
Abitur gemacht und bin erst nach meinem ersten Studiensemester neunzehn geworden. Einige Jahre später habe ich
erkannt: ich war zu Beginn meines Studiums noch zu jung und
hatte mit den Möglichkeiten des Studiums nichts Rechtes
anzufangen gewusst. Das intellektuelle Tief in meinen ersten
Studienjahren hatte vielleicht auch mit dem Gefühl einer
gewissen Heimatlosigkeit zu tun: in der dreizehnjährigen Schulzeit bis zu meinem Abitur ist meine Familie alle zwei bis drei
Jahre in eine andere Stadt in einem anderen Bundesland
umgezogen. Wegen der sogenannten Kurzschuljahre und des
unterschiedlichen Schuljahresbeginns in den drei Bundes-
ländern, in denen ich ein Gymnasium besuchte, hatte ich
praktisch ein Schuljahr gewonnen. Wegen der ständigen Um-
siedlungen hat sich nirgendwo ein Heimatgefühl entwickeln
können, ein Gefühl von „hier fühle ich mich zuhause". Wohl

habe ich in meinen ersten Studienjahren an einer mir bis dahin völlig unbekannten Universitätsstadt studiert, habe bis zum Vordiplomexamen aber nur das Nötigste getan. Mit Anna, die dann in mein Leben getreten ist, hat sich das geändert. Ich habe begriffen, eine Heimat musst du dir selbst schaffen. Es hat nicht lange gedauert, bis ich erkannt habe, wo meine Heimat ist: sie ist dort, wo Anna ist.

Blicke ich jetzt nach so vielen Jahren mit ihr auf die Erinnerung an die Vielzahl unterschiedlicher Engagements und das Aufleben meiner alten Interessen zurück, dann stelle ich mir die Frage, ob das Reaktionen auf die Umstände gewesen sind, die Annas und mein Leben nach sechs Jahren Glück auf den Kopf gestellt haben. Ich denke, das hat bestimmt eine Rolle gespielt. Ich bin aber überzeugt, auch ohne die ersten Schicksalsschläge, die unser Leben umgekrempelt haben, auch dann, wenn unser Glück noch viele weitere Jahre angehalten und wir die vier oder fünf gesunden Kinder gehabt hätten, die wir uns einmal gewünscht haben, wäre ich bereit gewesen, mit ihr zusammen Wege zu Engagement und Verantwortung nicht abzulehnen. In den letzten sieben Jahren nach ihrem Tod habe ich wider Erwarten einen Weg gefunden, meinem Weiterleben einen Sinn zu geben. Trotz der körperlichen Einschränkungen, die mein Alleinsein erschweren, möchte ich noch ein bisschen auf Erden weilen und einige meiner bislang noch unvollendeten Arbeiten zu einem Ende bringen.

9

Nicht nur aus der Zeit meiner wissenschaftlichen Arbeit am physikalischen Institut sind viele Fragen unbeantwortet und etliche Projekte unvollendet geblieben. Nicht nur aus meiner Zeit am Gymnasium haben sich viele Ideen in meinem Kopf befunden, die noch nicht zu Ende gedacht sind. Auch die vielen Erlebnisse, die vielen Entscheidungen, die das Leben Anna und mir abverlangt haben, haben noch unausgegorene Gedanken in meinem Kopf hinterlassen. Schon weit vor Annas Tod hat es in meinem Kopf rumort, hat es schon viele Schriftsätze in Fachzeitschriften gegeben, doch zu dem, was ich jetzt tun kann, wozu ich jetzt Zeit habe, hat es noch nicht kommen können. Nachdem ich meine letzten Verpflichtungen in unserer Stiftung erfüllt habe, und nachdem ich wegen meiner körperlichen Beeinträchtigung stärker an das Haus gebunden bin, Reisen und längere Abwesenheitszeiten nicht mehr so sehr mag, habe ich mich darauf konzentriert, am Schreibtisch zu sitzen, das Chaos meiner Gedanken zu ordnen und mit dem Schreiben zu beginnen. Zeit dafür habe ich ja genug.

Es sind zwei völlig verschiedene Welten, in denen ich mich mit meinen Gedanken und Gefühlen bewege und zu denen ich zur selben Zeit schreiben möchte: meine Erinnerungen an das Leben und das Glück mit Anna auf der einen Seite, die Fertigstellung einiger Arbeiten aus meinen wissenschaftlichen Interessen und meinen Berufsfeldern auf der anderen. Der besondere Reiz für mich liegt darin, dass diese beiden Ziele, die ich mir gesetzt habe, wahrlich weit auseinanderliegen. Was das bedeutet, habe ich bald zu spüren bekommen: Gehe ich einem dieser Ziele nach, kann ich mich wochenlang darin verlieren, bevor ich einem Impuls folgend auf das andere Ziel umsteige und mir dort dasselbe passiert. Die Stunden, in denen es mir gelingt, Erinnerungen an Anna niederzuschreiben, die Momente, in denen ich einen mathematischen oder physikalischen Sachverhalt klären und aufschreiben konnte, sind jene Stunden, die mir ein spätes Glück verschaffen. Zur Erholung von der Schreibtischarbeit genieße ich meinen Wintergarten und höre Orchester- und Klaviermusik. Manches Klavierstück habe ich früher selbst gespielt. Nach einem Gott sei Dank nur leichten Schlaganfall vor neun Jahren habe ich aber mit dem Klavierspielen und damit auch mit dem Improvisieren und Komponieren aufhören müssen, weil meine linke Hand Dinge tut, die ich seitdem nicht mehr genau genug kontrollieren kann. Auch Steckenpferde wie das aktive Fliegen und den Bau von Modelleisenbahnanlagen habe ich wegen der körperlichen Einschränkungen als Folge der Operationen vor über sechs Jahren aufgeben müssen.

Literatur zu schreiben ist jedoch wieder etwas Neues in meinem Leben. Um das zu entdecken, musste ich achtzig Jahre alt werden! Schreiben, wie geht das denn? Zu dem, was Schreiben bedeutet, habe ich mir natürlich erst einige Gedanken machen müssen. Lebhaft ist mir mein Vater in Erinnerung, der seinen

Altersruhestand mit dem Aufschreiben seiner Erinnerungen und der Familienchronik zugebracht hat. Und der mit technischen und mit Veröffentlichungsproblemen zu kämpfen hatte, die es für mich heute nicht mehr gibt. Er hat seine Gedanken noch in die Schreibmaschine hämmern müssen und geflucht, wenn die Zahl seiner Tippfehler überhandgenommen hat. Bis er eine Schreibkraft angestellt hat, in die er viel Geld investieren musste. Für mich ist das jetzt sehr viel einfacher. Seit es Computer, Textverarbeitungsprogramme und Formeleditoren gibt, benutze ich diese Technik. Texte und mathematische Herleitungen zu schreiben, sie sofort redigieren und nach Abspeicherung erneut bearbeiten zu können, das alles ist heutzutage mit den gängigen Programmen kein Problem mehr. Eine Schreibkraft wie mein Vater benötige ich nicht; moderne Schreibprogramme machen es möglich, druckreife Manuskripte zu erstellen.

Als mein Vater vor der Frage gestanden hat, in welcher Weise er seine fertig geschriebenen Erinnerungen und Chroniken bekannt machen kann, ist ihm nichts anderes übrig geblieben als selbst für den Druck und die Bindung zu sorgen. Auch das hat ihn wieder viel Geld gekostet. Einen Verlag, der den Druck und den Vertrieb für ihn übernimmt, hat er nicht gefunden. Mir ist klar, dass es mir bei den Themen, über die ich schreiben will, nicht anders ergehen wird, auch ich werde keinen Verlag finden. Aus meiner Zeit als wissenschaftlicher Mitarbeiter weiß ich, mit welchen Schwierigkeiten jeder Autor zu kämpfen hat und wie groß die Abhängigkeit von peer-reviews und von Lektoren sein kann. Einen gedruckten eigenen Fachartikel, ein eigenes Buch in der Hand zu halten, das ist etwas, was glücklich und froh machen kann. Doch jener Weg, den mein Vater hat einschlagen müssen, ein Buch im Selbstverlag herauszugeben, den habe ich nicht gehen wollen, obwohl mir das von der finanziellen Seite her auch nicht annähernd die Probleme eingebracht hätte, mit denen er damals zu kämpfen hatte. Ich bin frei in meinen Entscheidungen und auf irgendwelche Einnahmen aus Büchern nicht angewiesen. Seit einigen Jahren gibt es einen Weg für Autoren, zu einem Buch zu kommen, ohne vorher die Diskussionen mit Lektoren ertragen und Verlagseigentümer von der Wirtschaftlichkeit des Buchdrucks überzeugen zu müssen. Es gibt Verlage, die gegen Erstattung von Unkosten im Auftrag den technischen Teil des Buchdrucks und gegen Beteiligung an der Verkaufsmarge die Bekanntgabe und Lieferung an Buchhandlungen übernehmen. Nachdem ich gesehen habe, dass die Kosten im Vergleich zu jenen, die mein Vater vierzig Jahre zuvor ertragen musste, deutlich geringer gewesen sind, ist mir die Entscheidung für diesen Weg leicht gefallen. Für mich ist dieser Weg zu einem Buch deshalb ideal, weil er mir zu einem mäßigen Preis zu einem Buch verhilft, das ausschließlich nach meinen Vorstellungen gestaltet ist, und dessen Text ohne den seit einigen Jahren üblichen formalen und logisch oft unsinnigen Schnick-Schnack in Rechtschreibung, Worttrennung und Zeichensetzung auskommt! Ob mein Buch nach Inhalt und Form anderen gefallen wird, ist für mich recht unbedeutend. Für mich ist entscheidend, dass es existiert, dass für mich bedeutsame Erinnerungen und Sachverhalte schriftlich festgehalten sind und damit nicht verloren gehen können. Wenn das, was ich zu schreiben habe, bei dem einen Leser oder der anderen Leserin Interesse erregt oder sogar mit Gefallen zur Kenntnis genommen wird: ich habe nichts dagegen.

Seit meinem Abitur mit achtzehn Jahren und dem Misserfolg im Fach Deutsch weiß ich, dass mir das Schreiben von Texten nicht gerade leicht von der Hand geht. Das ist wahrscheinlich der Grund, weshalb es so lange gedauert hat, mich an mehr als spezielle Fachliteratur und ein paar kleine Beiträge in Hobby-Zeitschriften heranzuwagen. Jetzt im hohen Alter und mit den Erinnerungen an einen wunderbaren Menschen sieht das anders aus, jetzt verspüre ich das Bedürfnis, neben Fachliteratur auch sogenannte Trivialliteratur zu verfassen. Mir ist bewusst, welches Risiko ich damit eingehe. Ich weiß, ich werde es niemals mit den sogenannten Erfolgsautoren aufnehmen können. Ich weiß, es wird mir nur unvollkommen gelingen, aus meiner wahrlich nicht gerade ereignislosen Geschichte interessante Erzählungen weben zu können. Ich weiß nur, ich muss darüber schreiben. Das bin ich Anna und der wahnwitzigen Zeit, die ich mit ihr erlebt habe, schuldig.

Einige Gedanken hat mir bereitet, ob ich Erzählungen und Berichte aus meinem Leben mit Anna unter meinem Klarnamen veröffentlichen kann, oder ob ich meine Familie herauszuhalten habe, indem ich unter einem Pseudonym schreibe. Ginge es um mich allein, hätte ich keine Probleme damit, Ross und Reiter zu nennen. Denn ich befinde mich in einem Alter und kann in einer Art intellektueller und finanzieller Unabhängigkeit leben, die mir jede Freiheit gibt und mich immun macht gegen jegliche Art von Herabsetzung und Missgunst, wie sie besonders in den sogenannten sozialen Medien unserer modernen Informationsgesellschaft üblich geworden sind. Mein Entschluss, über diesen Teil meines Lebens unter einem Pseudonym zu schreiben, dient allein dem Zweck, meine Familie zu schützen.

Meine Sachbücher dagegen werden unter meinem Klarnamen erscheinen. Das Schreiben von Fachartikeln habe ich schon viele Jahre früher erprobt. Im hohen Alter auch das Schreiben von Trivialliteratur zu beginnen, das ist neu. Bei meinem Schreibstil, der an der nüchternen Wissenschaft orientiert ist, kann ich nur hoffen, dass er nicht zu stark auf jene Erinnerungen, Beziehungsgeschichten und Erzählungen abfärbt, von denen in diesem Buch noch die Rede sein wird. Mich vom sicheren Terrain von Sachbüchern auf das Eis der Trivialliteratur zu begeben, hat durchaus etwas Mut erfordert. Über das Fliegen oder über mathematische Kuriositäten zu schreiben, ist etwas, was mir trotz mancher sachlicher Schwierigkeiten leichter fällt. Von ganz anderem Kaliber ist das Schreiben einer Lebensgeschichte, eines Beziehungsromans oder einer Liebeserzählung, deren Inhalt noch nicht einmal erfunden ist, sondern

aus eigenem Erleben, meiner Erinnerung und meiner Fantasie
gespeist wird. Auch um solche Literatur wird es im vorliegenden Buch mit dem Titel „Nach ihrem Tod" gehen. Der
Anlass, nach ihrem Tod überhaupt mit dem Schreiben anzufangen, sind meine Erinnerungen an das Leben mit Anna
gewesen. Es geht um beides, um das Schreiben über Erlebtes,
um das Schreiben von Erzählungen und von Romanen, aber
auch um das Schreiben von Sachbüchern. Worauf kommt es
mir in erster Linie an? Weder meine Erinnerungen an Anna
noch meine Gedanken zu mathematischen und physikalischen
Ideen sollen dem Vergessen anheimfallen.

10

Annas Tod war etwa ein Jahr her, als ich begonnen habe, erste
Entwürfe zu Erinnerungen an sie und mein Leben mit ihr
aufzuschreiben. Dazu fühlte ich mich aus mehreren Anlässen
getrieben. In unseren Familien waren viele Menschen verstorben, Menschen, die wir gekannt und deren Schicksale wir
miterlebt hatten. Ich habe mich gefragt: wer wird zukünftig
noch an sie denken, wer wird sich noch an sie erinnern? Wenn
mein Vater sich nicht mit den Erinnerungen an seine Zeit, die
Zeit zweier Weltkriege abgemüht und für den privaten Druck
von Büchern gesorgt hätte, was wüsste ich dann von seinem
Leben und seiner Vergangenheit? Soll auch dem wunderbaren
Leben mit Anna, selbst dem schrecklich Schönen an unserem
Schicksal, nach ihrem und meinem Tod das Vergessen be-

schieden sein? Mir ist bewusst, unser Leben hat nur am Rande mit der Zeitgeschichte zu tun, in einer anderen Zeit hätte unser Leben kaum anders stattgefunden. Gäbe es keine Aufzeichnungen, würde unser Nachlass kein Interesse hervorrufen und über kurz oder lang entsorgt. Jene Zeiten sind vorbei, als Erinnerungen und Erfahrungen noch auf andere Weise weitergegeben werden konnten, weil das Leben in einer Großfamilie stattgefunden hat. Ein Zusammenleben von drei Generationen, von Großmutter, Großvater, Mutter, Vater, Tochter, Sohn ist nur noch selten möglich. In meiner eigenen Familie ist das nur für eine kurze und zudem noch durch eine Reihe ungünstiger Umstände beschwerte Zeit möglich gewesen. Wenn mir daran liegt, dass meine Enkelkinder und ihre Nachkommen einmal Antworten auf ihre Fragen finden sollen, woher sie kommen und welche Menschen ihre Vorfahren waren, dann bleibt nur das Buch. Ein gedrucktes Buch ist etwas, was man in die Hand nehmen kann, was lange hält, länger, als jeder moderne elektronische Datenspeicher, und das dann, wenn es an einer Stelle verloren gegangen ist, noch an anderen Stellen zu finden ist. So ist der Gedanke herangereift, meine Erinnerungen an Anna und unser gemeinsames Leben als Buch zu schreiben, als mein erstes Buch.

Über das, worüber ich zu schreiben hatte, musste ich mir keine Gedanken machen. Unsere Lebensgeschichte ist prall gefüllt mit Ereignissen, Ereignissen besonders glücklicher und besonders schrecklicher Art. Von Beginn habe ich gewusst, bei einem

Buch wird es nicht bleiben. Am Rande von tatsächlich Geschehenem hat es auch andere Vorfälle in unserem Leben gegeben, die mit ein wenig Fantasie zu eigenen Geschichten werden können. Davon ist später zu berichten. Doch alles hat mit einem ersten Buch begonnen, das unter dem Titel „Erinnerungen an Anna" erschienen ist (Angaben zu diesem und zu weiteren später genannten Büchern sind am Ende dieses Buches zu finden). Diese Erinnerungen sind mir nur so aus der Feder geflossen; bald waren einige hundert Seiten zusammengekommen. Das hat mir Freude bereitet. Doch schnell habe ich vor einem Problem gestanden.

Wenn ich solche Erinnerungen an Anna verfassen will, die ihr und ihrer Vorstellung vom Sinn des Lebens und vom Wesen unserer Liebe auch nur halbwegs gerecht werden, dann kann es nicht nur um jene Zeiten gehen, in denen sie, in denen wir Schicksalsschläge zu ertragen hatten. Es muss auch um jene Zeiten gehen, in denen sie glücklich gewesen ist. Denn allein diese Erlebnisse haben ihr die Kraft gegeben, die Zeiten der Unglücke überstehen zu können. Ich habe mich gefragt, welche Bedeutung das Glück für Anna hatte und was ihr Glück mit mir zu tun hat. Meinen Beitrag zu ihrem Glück kann ich mit wenigen Worten beschreiben. Ich habe Anna immer als den liebenswertesten Menschen verehrt, den ich jemals kennen gelernt habe. Für mich und mein Leben ist sie meine Heimat geworden, sie ist alles gewesen, was ich mir nur wünschen konnte: Kamerad, Ehefrau, Mutter, Großmutter – und

Geliebte. Allen anderen gegenüber ist Anna immer als vornehm zurückhaltende Frau aufgetreten; ich allein habe den verborgen gehaltenen Tiefgang ihrer Gefühle gekannt. Mir hat sie sich geöffnet, mir hat sie gezeigt, was Liebe einer Frau bedeutet und wie weit und bedingungslos ihre Liebe sein kann. Für mich ist diese Eigenschaft Annas die weitaus Bedeutendste gewesen. Eine Erinnerung an sie zu verfassen ohne von dieser Liebe zu erzählen, das geht für mich nicht und wird ihr auch nicht gerecht.

Doch von Annas Liebe zu mir zu erzählen, bedeutet auch, vom Ausdruck ihrer Liebe zu erzählen, davon, wie sie ihre Liebe gelebt hat, welche intime Nähe und welche herrliche Sexualität ich mit ihr erleben durfte. In der Zeit unserer jungen Jahre ist Sexualität noch in jeder Hinsicht ein Buch mit sieben Siegeln gewesen. In der Gesellschaft, in der wir aufgewachsen sind, ist sorgsam darauf geachtet worden, dass alles, was mit Sexualität zu tun hat, zu verschweigen, ja, zu unterdrücken ist. Dass Sex etwas ist, was jeden Menschen von klein auf durch sein Leben begleitet und etwas Wunderschönes ist, weil es herrliche Gefühle hervorrufen kann, ist offiziell geleugnet worden – obwohl jeder insgeheim davon geträumt hat. Diese Prüderie hat mich als junger Bursche getroffen, sie hat auch später noch in meinen ersten Jahren als Erwachsener nachgewirkt.

Wer mit dem eben genannten „Jeder" gemeint ist, wenn von Liebe, von Nähe und von Sex geredet worden ist, war mir anfangs überhaupt nicht bewusst. Nicht nur meine ersten Erfahrungen mit Mädchen, auch die ersten Erfahrungen mit Anna haben mir klar gemacht: dieser Jeder ist nicht nur der junge und der ältere Mann, um den es früher hauptsächlich gegangen ist, und um dessen Empfindungen, Wünsche und Begierden bei genauerem Hinsehen sich auch jetzt immer noch alles dreht. Die Entdeckung, auch jedes Mädchen, auch jede Frau träumt von Liebe, von Nähe, von Intimität und von Sex, hat bei mir zum Nachdenken und zu einer Änderung meines Verhaltens geführt. Mädchen und Frauen sind für mich nicht länger „Objekte" gewesen, Objekte der gern auf sie projizierten männlichen Sexfantasien. Körperliche Nähe und Sex sind ein vom Geschlecht unabhängiges zutiefst menschliches Bedürfnis. Weil das so ist, will ich jedem Mädchen und jeder Frau mit Respekt begegnen — und niemals mit Überredung oder gar mit Gewalt. Wenn ich ein Mädchen, eine Frau mag, und wenn ein Beisammensein mit mir auch von ihr gewünscht wird, darf es keine Hindernisse wie den moralischen Ballast der damaligen Zeit geben, dann sollten wir allein auf das hören, was unsere Herzen wollen, und das tun, was unsere Gefühle uns sagen. Die Suche nach dem Glück ist am Ziel, wenn das geschehen kann. Nach meinen Entwicklungsjahren als Jugendlicher und als junger Mann mit Anna eine junge Frau gefunden zu haben, die mit mir in der Gefühlssache Liebe und Sexualität so wunderbar übereingestimmt hat, ist das größte Glück für mich und, so glaube ich, auch für sie gewesen.

Doch wie soll, wie kann ich über diesen Teil unserer Beziehung schreiben? Als ich jung war, ist es schon unmöglich gewesen, überhaupt von Sexualität zu reden, wollte man sich nicht bloßstellen. Davon zu schreiben, war völlig undenkbar! Wer das versuchte, galt als Verfasser schmuddeliger Heftchen, und das wollte keiner sein. In der heutigen Zeit ist das völlig anders. Heute kommen eine von Lesern beachtete Erzählung, ein guter Roman und ein erfolgreicher Film praktisch nicht mehr ohne mehr oder weniger explizit geschilderte Sexszenen aus. Damit habe ich mir die Frage gestellt: Welche Freiheit kann ich mir nehmen, in meine Erinnerungen an Anna auch Schilderungen unserer wunderbaren Liebeserfahrungen aufzunehmen? Was würde ein Verlag davon halten, ein solches Buch von mir zu drucken? Als ich den von einem bekannten Verlag gedruckten Roman einer polnischen Schriftstellerin in den Händen hielt, in dem auf mehreren hundert Seiten jede Spielart sexuellen Vergnügens in breiter Ausführlichkeit und Detailtreue beschrieben wird, in einer Detailtreue, die manchen Internetporno in den Schatten zu stellen vermag, sind meine Bedenken schon wesentlich schwächer geworden. Heute kann man in Büchern seiner Fantasie freien Lauf lassen und offenbar über sexuelle Spielarten schreiben, die man sich früher noch nicht einmal im Traum hat vorstellen können.

Nachdem solche Bedenken beseitigt waren, sind jene Bedenken geblieben, die die handelnden Personen betreffen, die Meinung Annas, der ich zu solchen Schilderungen meiner

Erinnerungen ja keine Fragen mehr stellen kann, und meine Meinung von Privatheit von Gefühlen und Handlungen. Wie weitgehend bin ich bereit, über die Art meiner Gefühle und meiner Wünsche zu schreiben, und wie viel möchte ich über die Art ihrer Gefühle und ihrer Wünsche mitteilen? Was würde Anna dazu sagen, könnte sie meine Beschreibungen unserer Liebesbeziehung lesen? Was meine eigenen Bedenken anbelangt, habe ich es einfach: Ich bin in einem Alter, in dem es mir weder schwer fällt, ehrlich über Gefühle und Sexualität zu schreiben, noch in irgendeiner Weise bekümmert, was andere davon halten. Schon schwieriger fällt mir, zu beurteilen, wie Anna meine Schilderungen aufnehmen würde, würde sie noch leben. Angesichts ihres so vollkommen natürlichen und ehrlichen Verhaltens in unserer Liebesbeziehung glaube ich, ja, bin ich überzeugt: sie würde so reagieren, wie ich das von Anfang an bei ihr erlebt habe, wenn wir neue Liebesabenteuer entdeckt hatten. Erst würde sie stutzen, dann nachdenken und dann mitspielen.

Zur Frage, inwiefern sie selbst überhaupt davon schreiben konnte, sich bereit zu fühlen, mir ihre Seele zu zeigen, habe ich wohl direkte Hinweise gefunden, wenn es darum ging, ihre Gefühle auszudrücken; dagegen nur indirekte, wenn es darum ging, mir ihren Körper zu öffnen. In den mir erst nach ihrem Tod bekannt gewordenen Tagebucheintragungen aus der Zeit unseres Kennenlernens und des Entstehens unserer Liebe sind solche Sätze zu finden wie:

Das ganze Sommersemester ist ein einziger schöner Traum geworden. Jeden Augenblick habe ich geglaubt, gleich zu erwachen und aus meinem Traum gerissen zu werden. Doch es ist kein Traum, es ist wunderbare Wirklichkeit!

Und später:

Wie viele glückliche Stunden haben wir doch miteinander verbracht. Ich weiß zwar, dass meine Worte viel zu armselig sind, um das auszudrücken, was ich empfinde. Das Glück, das ich mit ihm erlebe, ist wunderbarer als jeder Traum. Ich hätte nie gedacht, dass ein Menschherz so viel Glück fassen kann. Aber es ist wirklich so, dass wir uns von Tag zu Tag besser verstehen und mehr lieben.

Und noch etwas später:

Warum soll ich die schönen Erlebnisse mit RiRi beschreiben? In meinem Herzen werden sie unvergesslich bleiben. Zu wissen, dass er mich liebt, ist das Schönste, was es für mich gibt, und dass er mich wirklich liebt, zeigt er mir in Allem, was er tut. Er behandelt mich so zärtlich und liebevoll, wie es ein Mann nur tun kann und nutzt mein Vertrauen nie aus. Wenn es so bleibt, werde ich immer der glücklichste Mensch sein und ihm alles geben, was in meiner Macht steht.

Ich weiß, sie hat diese Sätze in einem Zeitraum in ihr Tagebuch geschrieben, als unsere Liebe sich im körperlich-sinnlichen

Bereich gerade in einer rasanten und stürmischen Entwicklung befunden hat, einer Entwicklung, die ich damals als Wunder empfunden habe. Wenn Anna das Wachsen und Werden unserer Liebe in ihrem Tagebuch beim Thema Sexualität im Stil so offen und in der Sache so zurückhaltend wie gerade geschildert beschreibt, dann hat das an jener Zeit, 1961, gelegen. Zu dieser Zeit ist es keinem normalen jungen Menschen möglich gewesen, irgendwo nachzulesen, was eine körperlich-sinnliche Beziehung ist und welche Bedeutung sie in einer Liebesbeziehung hat, geschweige denn, selbst in einem Tagebuch über eigene Erfahrungen darüber zu schreiben. Das Äußerste, zu dem sie damals fähig gewesen ist, ist der Satz: *Wenn es so bleibt, werde ich immer der glücklichste Mensch sein und ihm alles geben, was in meiner Macht steht.* Und das hat sie getan! Es sind diese Worte, die mir Mut machen, jetzt nach so vielen Jahren in Erinnerungen an sie über das Werden unserer Liebe zu schreiben, auch über das, was innerhalb unserer vier Wände geschehen ist.

11

Für das Fliegen habe ich mich schon als Junge interessiert. Damals, 1951, sechs Jahre nach dem Ende des zweiten Weltkriegs, sind im Handel die ersten Bausätze zu erwerben gewesen. Ich weiß noch, mein erstes Flugmodell war der Habicht, ein kleines Modell der später sehr bekannt gewordenen Firma Graupner in Kirchheim Teck. Natürlich hatte ich da noch keinerlei Ahnung davon, wie das Fliegen eigentlich geht. Ebenso wie die Baubeschreibungen und die Anweisungen für das Einfliegen hat auch die damals für Jugendliche erhältliche Literatur nicht verraten, weshalb eine bestimmte Einstellung so und nur so zu geschehen hat, damit nachher ein gleichmäßiger Gleitflug möglich ist. Als ich meinen Vater gefragt habe, hat der mir berichtet, dass er siebzehn Jahre zuvor, also vor dem zweiten Weltkrieg, als Referendar an einer Arbeitsgemeinschaft zum Thema Fliegen teilgenommen hat, einem Thema, das in den Gymnasien neben anderen kriegswichtigen Themen wie der Berechnung der Flugbahnen von Geschossen nach dem Willen der neuen Regierung zum Lehrstoff gehören sollte. Nach dem Ende des Krieges haben die westlichen Siegermächte dafür gesorgt, dass diese Themen für lange Zeit aus den Schul-büchern und dem Unterricht entfernt worden sind, und dass modernere Literatur dazu und modernere Materialien zum Aufbau flugfähiger Modelle wie zum Beispiel das Balsaholz vorerst nicht erhältlich waren. Das hat mich aber nicht daran gehindert, zuerst handelsübliche Modelle aus dünnen Kie-fernleisten, dünnem Sperrholz, dem Klebstoff Rudol und Japanpapier und dann die ersten Eigenkonstruktionen zu bauen und mir per Versuch und Irrtum erste Kenntnisse zur Flugphysik zu verschaffen. Mit meinem Bruder und mit unseren Flug-modellen sind wir später auf mehreren Wettbewerben gewesen; den einen oder anderen haben wir sogar gewonnen. Beim Fesselflug habe ich entdeckt, welche Faszination in der

Steuerung eines Flugmodells liegt. Doch die damals angebotenen ersten elektronischen Fernsteuerungen haben weit ab von meinen Möglichkeiten gelegen; sie sind für mich unerschwinglich teuer gewesen.

Noch während meiner ganzen Zeit in der Schule bis zum Abitur ist das Thema Fliegen in keinem Unterrichtsfach, auch nicht in Physik vorgekommen. Als ich Anfang Mai 1958 mein Physikstudium aufgenommen habe, hat die Flugphysik, hat die Aerodynamik nur eine Randrolle im Studienangebot gespielt. Das Erlernen des Segelfliegens war von den Siegermächten zwar wieder erlaubt worden, beim Fliegen von Motorflugzeugen haben selbst bei den Modellen jedoch noch lange Zeit einige Hindernisse bestanden. Ich hatte die Vorkriegsliteratur zur Geburt des Segelfliegens in Deutschland, besonders die Geschichten rund um das Fliegen an der hessischen Wasserkuppe zwar verschlungen, doch daran, selber zu fliegen, ist nicht zu denken gewesen: als mittelloser Student hatte ich schlicht kein Geld dafür. Zudem hatte ich in den ersten Jahren mit den Schwierigkeiten meines Studiums zu kämpfen. Später, als das Erlernen des Segelfliegens für mich möglich gewesen wäre, weil ich ein paar Mark übrig hatte, ist das durch die Notwendigkeit meiner ständigen Anwesenheit bei meinen experimentellen Arbeiten für Diplom und Dissertation verhindert worden. Und dann hat der erste Schicksalsschlag in meiner gerade gegründeten eigenen Familie derartige Träume endgültig zunichte gemacht.

Viele Jahre sind vergangen, in denen ich das Fliegen nicht aus den Augen verloren habe. Mit Fliegerkollegen und ferngesteuerten Modellen habe ich mich am Hang ausgetobt. Als unsere ältere Tochter Interesse an Papas Hobby gezeigt hat, hat sie unter meiner Anleitung einen Zweimeter-Segler erbaut und selbst geflogen. Mit dem Thema Fliegen in der Lehre bin ich dann wieder in Berührung gekommen, als ich mein Berufsziel ändern musste und an das Gymnasium gegangen bin. Das Anbieten von Arbeitsgemeinschaften zum Modellfliegen ist eine logische Folge meiner Kenntnisse und Erfahrungen gewesen. Ebenso das Verfassen erster Fachaufsätze zum Fliegen wie auch zu anderen Themen der Physik und der Mathematik in der Schule.

Nach einigen Jahren, so um 1987 herum, habe ich entdeckt, dass in der Fliegerei etwas geschehen ist, was ich bis dahin für unmöglich gehalten habe, weil es so etwas in der Physik bislang noch nicht gegeben hat. Als Naturwissenschaftler wusste ich, dass sich Theorien oder Erklärungen erfahrungsgemäß nur so lange halten können, wie sie sich als nachprüfbar und damit wahr erweisen. Dass beim Fliegen aber zwei grundverschiedene Interpretationen zum selben Phänomen über Jahrzehnte nebeneinander existieren können, habe ich nicht für möglich gehalten. Hier ist das jedoch passiert. Hier hat sich neben dem bisher üblichen ein völlig neuer und andersartiger Erklärungsansatz etablieren können. Als mir das zum ersten Mal aufgefallen ist, waren diese beiden Erklärungsansätze schon über mehrere Jahre nebeneinander vorhanden. Mittlerweile hält dieser Zustand schon über vierzig Jahre unverändert an! Worum geht es? Neben der seit Beginn des Fliegens von der Luftfahrt vertretenen Erklärung der Grundlage des Fliegens, ich bezeichne sie jetzt als europäische Erklärung, ist eine völlig andere Erklärung entstanden, die ich jetzt die amerikanische Erklärung nenne. Deren Interpretation der Ursache des Fliegens hat sich mittlerweile auch in Deutschland in vielen Schulbüchern und Hochschulskripten ausgebreitet.

Zur Erklärung dieses Sachverhalts ist ein kurzer Ausflug in die Flugphysik nötig. Folgende beiden Ansichten zum fliegen Können liegen vor. In der europäischen Sicht des Phänomens Fliegen geht es während des Fluges um die Erzeugung eines Druckunterschieds oberhalb und unterhalb des Flügels, der ausreicht, das Flugzeug am Herabfallen zu hindern. Der Kundige unter meinen Lesern wird sich an die sogenannte Bernoulli-Gleichung erinnern, die zu einer an Hochschulen gern gestellten Prüfungsfrage geworden ist. In der amerikanischen Sicht geht es um etwas ganz Anderes. Es geht um die Umlenkung genügender Luftmassen durch den gegen die Strömung angestellten Flügel, d.h. um eine Newtonsche Reaktionskraft, die das Flugzeug am Herunterfallen hindern soll. So etwas wie eine Bernoulli-Gleichung wird nicht benötigt. Innerhalb der letzten vierzig Jahre ist es nicht möglich gewesen, in der Erklärungsfrage zum Fliegen zu einer Einigung zu kommen. Ich erinnere mich an eine über Jahre währende Diskussion mit einem Fachkollegen an einem süddeutschen Gymnasium, der sich als Fluglehrer für Kleinflugzeuge die amerikanische Sicht der Erklärung zu eigen gemacht, sie vehement verteidigt hat und von der europäischen Sicht nicht zu überzeugen gewesen ist.

Anna hat in der ganzen Zeit meines wachsenden Interesses für die Fliegerei immer Geduld mit mir bewiesen und viel Verständnis nicht nur für die Fliegerei, sondern auch für meine anderen Steckenpferde gezeigt. In der Zeit, in der sie fast fünf Jahre lang vergeblich gegen den Krebs anzukämpfen hatte, habe ich mich nicht mehr um das Problem Fliegen kümmern können. Doch nach ihrem Tod ist neben anderen Themen auch dieses ungelöste Problem wieder am Horizont erschienen. Da ich in den vorhergehenden Jahren festgestellt hatte, dass nicht nur an der amerikanischen Interpretation des Fliegens etwas auszusetzen ist, sondern auch die europäische Sicht einige nicht zureichend erklärte Aspekte enthalten hat, hat es genügend viele Argumente gegeben, hier einmal selber nachzudenken. So habe ich mich entschlossen, unter meinem Klarnamen in einem eigenen Buch meine Sicht zum Fliegen zusammen zu fassen: „Wie geht Fliegen?" Weil mir eine Korrektur der amerikanischen Sicht besonders am Herzen liegt, habe ich bald danach an eine englische Übersetzung gedacht. Dazu in einem späteren Kapitel mehr. Bei diesem ersten Sachbuch habe ich mir die Frage gestellt: Ist mir der Erfolg meines Buches wichtig? Habe ich mit diesem Buch so etwas wie eine Mission im Kopf? Ich denke, nein! Ob mir mit meinem Buch zum Fliegen und der darin beschriebenen Sichtweise irgendeine Beachtung beschieden sein wird, ist mir herzlich egal! Mir ist klar, jeder, der im Lauf der Zeit eine eigene Ansicht zum Fliegen entwickelt hat, wird eine andere Ansicht erst einmal ablehnen. So etwas ist nur zu menschlich. Einzig wichtig für mich ist, mit diesem Buch meine Ansicht zum Fliegen festgehalten und das Thema Fliegen endlich abgeschlossen zu haben.

Der an der Fliegerei Interessierte und durch die europäische Sichtweise geprägte Leser könnte fragen, was an dieser Sichtweise wie oben erwähnt unzureichend ist. Deshalb noch eine Anmerkung dazu. Auf den ersten Blick sieht es so aus, als wäre die Quintessenz meines Buches eine Bestätigung dieser bisherigen europäischen Sicht: fliegen kann man dann, wenn ein Druckunterschied ober- und unterhalb des Flügels erzeugt wird. Das hat sich jedoch als nicht hinreichend herausgestellt. Nicht nur zur Bernoulli-Gleichung sind Fragen entstanden, die zu klären waren. Es musste auch ein Phänomen herangezogen werden, das in der bisherigen Literatur zum Fliegen keine Rolle spielt, das sich aber als wesentlich herausgestellt hat: das hydrodynamische Paradoxon. Dann musste noch eine physikalische Begründung für die Hypothese eines Zirkulationswirbels beim Flügel gefunden werden, denn mit dem Wirbelsatz allein kommt man nicht weiter. Schließlich ist die Frage des sogenannten Anliegens der Strömung an gewölbten Oberflächen bisher recht stiefmütterlich behandelt worden.

Welcher Sachverhalt, welche Eigenschaft der Lufthülle unserer Erde sich einmal als entscheidend für das Fliegen herausstellen wird, weiß ich noch nicht. Möglicherweise muss man sich auf etwas sehr Triviales einstellen: es geht einfach. Wieso es geht und was daran entscheidend ist, wird vielleicht noch einige Zeit im Dunkeln bleiben. Die Sicherheit unserer Flugzeuge beruht darauf, den Grund und den Sinn bestimmter Einstellungen, bestimmter Konstruktionsdetails zu kennen. Dazu ein Beispiel. Noch ist allgemeiner Konsens, Symmetrie sei eine wesentliche Voraussetzung für sicheres Fliegen. Schaut man — wie im Buch „Wie geht Fliegen?" geschildert — genauer in ein Flugzeug hinein, stellt man jedoch fest, dass Symmetrie gar nicht gut ist! Bewusst asymmetrisch konstruierte Fluggeräte sind noch sehr selten. Dort, wo es gelungen ist, einen solchen Flugapparat zum Fliegen zu bringen, beobachtet man neben einer deutlichen Minderung des Energieaufwands eine außerordentliche Flugstabilität. Es könnte durchaus sein, dass die Zukunft des Fliegens einmal in seltsam asymmetrischen Flugzeugen stattfindet.

12

Parallel zu den in Kapitel 10 genannten „Erinnerungen an Anna" habe ich in einem weiteren Buch die „Lebenserfahrungen" verfasst. Auf der hinteren Umschlagseite dieses Buches steht das passende Motto dazu: „Erfahrungen leuchten dem Menschen, wie die Sterne, erst am Abend". Annas Tod hat meine Erinnerungen geweckt, Erinnerungen an Erfahrungen, die zu der Zeit, als sie noch lebte und wir eine glückliche und zugleich mit dramatischen Ereignissen gespickte Ehe geführt haben, in meinem Hinterkopf zwar geschlummert, in unserem Alltag jedoch keine besondere Bedeutung erlangt haben. Kann ich mir das erklären? An die Ereignisse in unserer eigenen Familie wie in den Familien unserer Eltern und Geschwister, an das Leben, das wir als unseren Alltag angesehen haben, hatten wir uns irgendwie gewöhnt. Jeder Tag war ein Jetzt, in dem wir gelebt haben. Zur Bewältigung unseres Schicksals hatten wir uns und unsere Liebe – mehr haben wir nicht gewollt, mehr haben wir auch nicht gebraucht. Erst nach Annas Tod ist mir bewusst geworden, an wie viele Ereignisse ich mich zu erinnern hatte, über wie viele Erlebnisse und Themen ich zu schreiben hatte, bevor sie irgendwann weit entfernte Vergangenheit geworden sind und vergessen werden.

„Lebenserfahrungen", das ist ein schon recht abgegriffener Titel, den ich gewählt habe. Um aus dem Schema einer auf eine Person fixierten und an einer Zeitschiene entlang erzählten Geschichte auszubrechen, habe ich beschlossen, diesen Erfahrungsbericht in drei Teile zu gliedern, die sich auf verschiedene handelnde Personen und verschiedene Zeitebenen beziehen. In den beiden ersten Teilen beschreibe ich Annas und meine Reifung in unserer Jugendzeit bis zu dem Zeitpunkt, an dem wir uns ineinander verliebt haben. Bei Anna muss ich mich auf die wenigen Berichte beschränken, die ich von ihr und von ihren

Eltern über ihre Jugendzeit erhalten habe, und auf ein Tagebuch, das mir erst nach ihrem Tod bekannt geworden ist. Im dritten Teil geht es um unsere Familien. Um zwei sehr unterschiedliche Familien, die einst einmal groß gewesen, durch zahlreiche Schicksalsschläge, Alterung und Tod aber ziemlich klein geworden sind.

Bei grober Betrachtung scheinen die Verhältnisse, in denen Anna und ich aufgewachsen sind, ziemlich ähnlich zu sein: beide haben wir den zweiten Weltkrieg noch als kleine Kinder und die Notjahre danach als Kinder und Jugendliche miterleben müssen. Beide sind wir mit zwei Geschwistern in einem Elternhaus mit Mutter und Vater aufgewachsen. Dieser grobe Blick ist aber nur ein kleiner Teil der Wahrheit. Weil Anna das Jüngste von drei Kindern ist und ich das Älteste von drei Kindern bin, herrscht zwischen unseren Elternfamilien ein Altersunterschied von mehr als einer halben Generation: Anna ist dreizehn Jahre jünger als ihr ältester Bruder, ich bin fünf Jahre älter als meine Schwester. Der erste Weltkrieg hatte die Eltern Annas getroffen, als sie schon erwachsen, meine Eltern, als sie noch Kinder waren. Annas Eltern haben ihre Jugendzeit in ganz anderen Verhältnissen erlebt als meine Eltern, sie sind auch noch in anderen Lebenswirklichkeiten aufgewachsen.

Das hat sich später deutlich bemerkbar gemacht, als ich Annas Eltern und die Verhältnisse in ihrem Elternhaus kennen gelernt habe. Annas Mutter ist behütet aufgewachsen in einer Zeit, in der Mädchen und junge Frauen „aus besserem Hause" vom Erlernen eines Berufs wie von einer Berufsausübung ferngehalten worden sind und stattdessen auf den Mann zu warten hatten, der sie irgendwann aus ihrer Elternfamilie herausheiratet. Nach den gesellschaftlichen Umwälzungen, die der erste Weltkrieg zur Folge hatte, hat sich das gerächt: Annas Mutter ist in ihrer Ehe nicht glücklich geworden, die vollständige Abhängigkeit vom Wohlwollen ihres Mannes hat sie nie zufrieden sein lassen. Ganz im Gegensatz zu meiner Mutter. Sie hat als junges Mädchen beschlossen, Krankenschwester zu werden und ihr Leben in die eigenen Hände zu nehmen. Sie hat gewusst, was sie will, sie hat ihr Elternhaus in jungen Jahren verlassen, sich durchgesetzt, ihr eigenes Leben geführt und sich nach einigen Berufsjahren noch vor Beginn des zweiten Weltkriegs für eine Ehe mit meinem Vater entschieden.

So sind Anna und ich in zwei äußerlich gleich erscheinenden, im Inneren aber grundverschiedenen Familien aufgewachsen. Sie in einer Familie, in der nur selten Friede geherrscht hat, in der sich Mutter und Vater nicht verstanden haben, in der es Sorgen um ihre älteren Brüder gegeben hat, in der sie das Seelenklo ihrer Mutter zu sein hatte. Ich dagegen bin in einer Familie aufgewachsen, in der Mutter und Vater trotz der schlimmen Kriegs- und Nachkriegszeiten glücklich miteinander gewesen sind, in der wir Kinder uns sehr wohl gefühlt haben und in der immer Friede geherrscht hat. Diese so sehr verschiedenen

Voraussetzungen unseres Werdegangs haben wir beide noch nicht gekannt, als wir uns begegnet sind.

Viele Jahre und viele Ereignisse später glaube ich zu erkennen, was Anna und mich von Anfang zueinander gezogen hat: ich habe ihr Wesen und ihre Erscheinung gemocht und zugleich gespürt, dass sie unglücklich gewesen ist und auf der Suche nach Glück war. Sie hat in einem damals so unbedeutenden jungen Mann wie mir, der zudem jünger als sie ist und noch gar nichts dargestellt hat, jemanden erkannt, der nicht nur aus gutem Hause war, wie man sich damals ausdrückte, sondern ein Ziel und einen Lebensplan hatte und vielleicht schon gewusst hat, was zum glücklich Werden gehört. Für mich war sie bereit, sich zu öffnen, sich mir anzuvertrauen, mir ihren unglaublichen Gefühlsreichtum zu zeigen. Ich glaube, sie trotz der vielen Unglücke und Schicksalsschläge, die sie in unserer Ehe erleben musste, glücklich gemacht zu haben. Für mich ist recht bald ihr Glück mein oberstes Ziel geworden und, im Nachhinein betrachtet, der größte Erfolg in meinem Leben gewesen. Wie unglücklich sie vor unserer ersten Begegnung war, habe ich erst nach ihrem Tod aus einem Tagebuch erfahren. Die so ausführlich geschilderten und in den „Lebenserfahrungen" im zweiten Teil dokumentierten Eintragungen in ihrem Tagebuch enden, als sie einer Zukunft zusammen mit mir trauen konnte. Später hat es nie wieder für sie einen Anlass gegeben, ihr Tagebuch konsultieren und ihr

Unglück niederschreiben zu müssen, obwohl es sehr viele Gründe dafür gegeben hat.

Im ersten Teil der „Lebenserfahrungen" schildere ich meinen Werdegang als Jugendlicher und als junger Student, ein Werdegang, den ich mit der Absicht formuliere, meine Bilder von Mädchen und meine Einstellung zu einer Beziehung zu ihnen zu beschreiben, bevor ich auf Anna getroffen bin. Denn diese Erfahrungen und die Folgerungen, die ich daraus gezogen habe, sind entscheidend für mich gewesen, wie ich mit meinen Wünschen an eine Lebensbeziehung und damit mit Anna umgehen möchte. Natürlich sind meine Bilder und meine Ansichten auch von der damaligen Zeit geprägt gewesen. Das war eine Zeit, in der alles, was mit Sexualität zu tun hatte, wie die Pest gemieden worden ist. Obwohl ich mich innerlich schnell von der sogenannten öffentlichen Meinung zu Fragen der Sexualität distanziert hatte, habe ich mich nach außen auch meiner Jugend wegen nicht so schnell aus den Fesseln der damaligen Moralvorschriften lösen können. Später und besonders im Alter ist das völlig anders geworden; später habe ich mich vollkommen frei gefühlt. Die Suche nach körperlicher Nähe und nach Sexualität sind für mich völlig normale Verhaltensweisen, sie sind selbstverständliche Freuden meines Lebens geworden, Freuden, auf die ich jetzt nach Annas Tod zwar zu verzichten habe, die in meinen Erinnerungen aber lebendig sind und über die ich schreiben kann.

Die erste Befreiung habe ich im Jahr vor meinem Abitur mit einem viel jüngeren und lieben, für ihr Alter aber schon sehr reifen Mädchen erlebt, in das ich mich verguckt hatte. So unschuldig unser erster Kuss nach dem ersten Vierteljahr des kennen Lernens war, unsere letzten Küsse vor meinem Aufbruch ins Studium haben uns schon sehr genau mitgeteilt, wozu wir bereit gewesen sind, worauf wir aber zu verzichten hatten. Bei diesem Mädchen habe ich zu ersten Mal gespürt, welche Bedeutung Verantwortung für einen geliebten Menschen hat. Denn ich hätte sie leicht haben können, wie das damals unter meinen Klassenkameraden hieß. Wäre ich in jener Zeit auf die Idee gekommen, eine Erzählung über meine erste Liebe zu schreiben, hätte ich mich dem Spott meiner Kameraden ausgesetzt gesehen: da hat er eine, die er kriegen kann, und dann nimmt er sie nicht. Ein Mädchen von fünfzehn Jahren „zu nehmen", auf diese Idee bin ich damals nun wirklich nicht gekommen!

Mein zweites Erlebnis hatte ich als junger Student mit einem fast gleichaltrigen Mädchen, das ich rein zufällig und nur an zwei Tagen gesehen hatte. Am zweiten Tag sind wir uns sehr nahe gekommen und in einer Kussorgie versunken, wie ich sie bis dahin nicht für möglich gehalten habe. Ich erinnere mich, an diesem Tag zu jedem Abenteuer bereit gewesen zu sein. Daran haben mich nur die Anwesenheit ihrer Schwester und deren Freund gehindert, meines älteren Budenkollegen, mit dem zusammen ich eine zweigeteilte Bude bewohnt habe. Von diesem Mädchen habe ich gelernt, dass dann, wenn man sich versteht, die Lust auf ein sexuelles Abenteuer äußerst schnell entstehen kann, und dass diese Lust nicht nur eine Sache von uns Männern ist.

Der entscheidende Schritt in meine Freiheit ist dann zusammen mit Anna geschehen. Ihr begegnen zu können ist von erstaunlichen Zufällen begleitet gewesen, davon habe ich weiter oben berichtet. Mit ihr zusammen habe ich jene Freiheit erleben können, von der ich vorher schon oft geträumt hatte. Es ist nicht nur die Befreiung von den gesellschaftlichen Zwängen jener Zeit gewesen, denen wir uns durch unser Studium und den großen Abstand zu unseren Elternhäusern entziehen konnten. Es ist vor allem jene Freiheit gewesen, die wir uns gegenseitig gewährt haben: Gefühle und Wünsche zeigen zu können, ohne befürchten zu müssen, vom Partner Ablehnung oder gar Spott zu erfahren. Mit Anna ist das möglich geworden, was ich nur wenig später als die Liebe meines Lebens erfahren habe.

Im zweiten Teil der „Lebenserfahrungen" habe ich versucht, Annas Reifungsprozess nachzuzeichnen. Dazu ist mir meine Kenntnis ihrer besten Schulfreundin zu Hilfe gekommen, die ich später mit Anna kennen und schätzen gelernt habe, und die wir später noch oft besucht haben, als deren Ehe unter wenig schönen Umständen auseinander gegangen war. Über Annas erste Jahre an der Universität habe ich praktisch nichts gewusst. Wie bedeutungsvoll sie gewesen sind, habe ich erst nach ihrem Tod in ihrem Tagebuch nachlesen können. Sie sind aber der entscheidende Reifungsprozess in ihrem Leben gewesen. Davon habe ich weiter oben schon berichtet.

13

Neben den Schicksalen in unserer eigenen Familie haben uns die Schicksale jener Menschen nicht unberührt gelassen, mit denen wir aufgewachsen sind, und die uns einen großen Teil unseres Lebens begleitet haben. Davon berichte ich im dritten Teil der „Lebenserfahrungen". Er hat die Überschrift „Leben und Sterben" erhalten. Denn das Leben und das Sterben sind Ereignisse gewesen, die nicht nur in unserer eigenen Familie, sondern auch in Annas Familie und der meiner Eltern eine bedeutende Rolle gespielt haben. Diese Ereignisse haben Anna und mich oft über den Sinn unseres Daseins nachdenken lassen. Ich erinnere mich noch an das Gespräch an einem der vielen Nachmittage in der Palliativstation der Uniklinik, an denen ich Anna wenige Wochen vor ihrem Tod besucht habe. Wir haben lange darüber gesprochen, welchen Sinn das alles haben könnte, was das Schicksal für uns und unsere Familien vorgesehen hat. Anna hat mir versichert, sie hätte dies alles nur deshalb überstehen können, weil wir beisammen geblieben sind und uns geliebt haben. „Wie es mir ergangen wäre, hätte ich dich nicht an meiner Seite gehabt, weiß ich nicht; ich kann es mir auch gar nicht vorstellen", hat sie mir gesagt.

Für viele Menschen ist die Todesgefahr oder gar der Tod etwas, worüber man nicht nachdenken möchte. Gar mancher hat während seines Lebens noch nie einen Toten gesehen oder einen Menschen bis zu dessen Tod begleitet. Auch Anna und mir ist es so gegangen, bis wir im Alter von achtundzwanzig Jahren zum ersten Mal selbst erlebt haben, wie der Tod an unsere Haustür geklopft hat. Bis dahin ist der Tod etwas gewesen, was anderen passiert. Es ist nicht so, dass die Todesgefahr oder gar der Tod etwas völlig Unbekanntes gewesen sind, beides ist nur weit genug entfernt von uns geschehen. Als unser Sohn um sein Leben gekämpft hat, sind derart viele und derart chaotische Gedanken durch unsere Köpfe gejagt, an die wir uns später nicht mehr genauer erinnern konnten − oder erinnern wollten. Diese Zeit ist für Anna und mich eine harte Schule gewesen, die uns alles das, was danach noch geschehen ist, zwar nicht leichter gemacht hat, die uns die Unglücke, die unsere Familien heimgesucht haben, aber leichter ertragen ließen. Doch was heißt das schon: leichter ertragen! Das Leiden und der Tod eines geliebten Menschen sind immer etwas Endgültiges, etwas, das nie mehr geheilt werden kann!

Trost ist etwas, was helfen kann. Anna und ich haben nicht den Weg eingeschlagen, Trost bei anderen zu suchen. Auch nicht bei jenen, die Heilslehren für alle Lebenslagen verkündet haben. Trost haben wir in unserer wunderbaren Beziehung und in unseren Herzen gefunden. Bestimmt hat mir die Möglichkeit geholfen, mich als Naturwissenschaftler in einem Klima des kritischen Verstands entwickeln zu können. Entscheidend jedoch ist gewesen, mit welcher seelischen Kraft Anna mit unseren Problemen hat umgehen können. Sie ist aus einem unglaublich guten Holz geschnitzt gewesen. Wer sie nur als zurückhaltende Frau erlebt und manchmal hinter ihr eine ängstliche oder unsicher erscheinende Frau vermutet hat, hat sie gewaltig unterschätzt! Ich kann mir gar nicht vorstellen, wie ich die Schicksale unserer Familien mit einer anderen Frau als mit ihr hätte überstehen können.

Erst als ich den dritten Teil der „Lebenserfahrungen" fertig geschrieben hatte, ist mir klar geworden, durch welches Kaleidoskop an Schicksalen mein Leben mehr oder weniger direkt beeinflusst worden ist. Viele Geschichten aus unseren Familien könnte ich erzählen. Mir schwebt vor, von meiner Kindheit und dem, was dort alles geschehen ist, zu schreiben. Meine Kindheit ist zugleich das Zusammenleben mit meinem Bruder gewesen. Von ihm möchte ich etwas mehr berichten; beispielhaft schildere ich seinen und meinen beruflichen Werdegang. Eine Gelegenheit, mit ihm nach dem Ende unserer ähnlichen Berufslaufbahnen zu sprechen, hat es nicht mehr gegeben, denn als kerngesunder Sportler hat er viel zu früh sterben müssen. In unserer Kindheit und Jugend war er mein bester Spielkamerad. In unserer Freizeit haben wir alles gemeinsam gemacht, Drachen basteln und steigen lassen, Flugmodelle basteln und fliegen lassen, Ausflüge und Touren mit unseren alten Fahrrädern, erst zu Zielen in der Nähe, später zu weiter entfernten Zielen. Die längste Radtour, die wir zu zweit unternommen haben, betrug fast 2500 Kilometer und führte über Brüssel, Paris, Genfer See ins alpine Rhonetal, musste am tiefverschneiten Furkapass aber enden, den wir überwinden wollten, und führte dann über die Schwarzwaldhochstraße und am Rhein entlang wieder zurück. Als junger Student bin ich mit ihm zusammen in einem alten Auto zum abenteuerlichen Zelten in die französischen Seealpen und dann an die Riviera gefahren. Bei allen Unternehmungen hat es nie Streit gegeben; im Zweifelsfall hat er mir als dem Älteren die Entscheidung überlassen.

Beide haben wir unsere Schulzeit am Gymnasium mit dem Abitur abgeschlossen, er drei Jahre nach mir. Beide haben wir das Studium an einer Hochschule zunächst mit einem Diplom, danach mit einer Promotion beendet; er als Ingenieur an einer technischen Hochschule, ich als Physiker an einer Universität. Unsere Hochschulen haben weit auseinandergelegen, wir haben deshalb nicht mehr so viele Kontakte gehabt wie vorher. Während ich als Physiker nach der Promotion eine wissenschaftliche Laufbahn eingeschlagen habe, ist er als Ingenieur bei einem großen Unternehmen der Chemieindustrie eingestiegen. Als ich meine Ambitionen als Wissenschaftler aufgeben musste, hat er an seinem Aufstieg in Leitungspositionen arbeiten können. Erst als ich im Gymnasium meine berufliche Zukunft gefunden hatte und dort schnell in leitende Funktionen aufsteigen konnte, haben wir uns öfter treffen können. Er war da schon einer der leitenden Manager und berichtete mir, mit welchen Problemen er zu tun hatte: mit 800 Millionen Dollar in der Tasche die Übernahme eines indischen Unternehmens zu beurteilen oder die fünf Jahre dauernde Leitung einer Auslandstochter in Sao Paulo in Brasilien wahrzunehmen.

Ich höre ihn noch, wie er mich einmal scherzhaft begrüßt hat: „Na, kleines Lehrerlein?" Ich war zwar immer der große Bruder gewesen, doch er ist nicht wenig stolz darauf gewesen, was er erreicht hat. Erst gegen Ende meiner und seiner Laufbahn hat er registriert, dass meine Altersbezüge erheblich höher sein werden als seine. Ab dann hat er nicht mehr vom kleinen Lehrerlein gesprochen. Das Ende seiner Laufbahn war traurig: als das Chemieunternehmen jene Sparte, dessen technischer Leiter er war, an eine amerikanische Firma abgestoßen hat, die als erste Handlung Personal abgebaut hat, ist er vor die Alternative gestellt worden, entweder zu gehen oder zusätzlich zur technischen Leitung auch das Personalwesen zu übernehmen mit der wesentlichen Aufgabe, seinen leitenden Mitarbeitern Auflösungsverträge anzubieten. „Wenn man mir einen jener Verträge, die ich auszuhandeln habe, anbieten würde, würde ich sofort gehen", hat er gemeint. Und dann hat es nicht mehr lange gedauert, bis er von sich aus gegangen ist.

Als ich ihm am Ende meines Arbeitslebens mitgeteilt habe, nur wenig Lust zu einer öffentlichen Verabschiedung aus meinem

Amt zu haben, hat er lebhaft protestiert: „Tu das ja nicht! Mich haben sie wie einen räudigen Hund vom Hof gejagt. Keiner der Granden des Chemiekonzerns hat auch nur ein Wort zum Ende meines Arbeitslebens gesagt! Genieße es, wenn deine Arbeit noch einmal öffentlich gewürdigt wird, du wirst noch lange daran denken." Und so war es auch. Ich habe meine Verabschiedung als würdige Veranstaltung in bester Erinnerung. Nur kurze Zeit nach dem unwürdigen Ende seiner Laufbahn ist die Familie von seinem plötzlichen Tod überrascht worden. Es hat für uns keine Gelegenheit mehr gegeben, über dieses Ende seines Berufslebens und über seine Gefühle danach zu sprechen.

14

Während der Abfassung meiner „Erinnerungen an Anna" und der „Lebenserfahrungen" ist mir an einigen Gabelungen meines Lebensweges der Gedanke gekommen: was wäre gewesen, wenn ... . Als Anna noch lebte, haben wir diesen Gedanken nie angesprochen. Das Dasein, wie wir es erlebt haben, hat uns vollständig ausgefüllt, es ist uns genug gewesen. Ich glaube auch, die Ereignisse und Unglücke, die wir zusammen erlebt haben, sind zu aufwühlend gewesen, als dass wir uns anderen als den aktuell zu lösenden Problemen zuwenden wollten. Auch in den Monaten nach einem Schicksalsschlag haben wir gewusst, dass ein Nachkarten oder das Reden über ein „was wäre, wenn ..." weder zu einer Erleichterung noch zu einer Lösung beigetragen hätten. Natürlich haben wir uns Fragen nach dem Wieso und Warum gestellt, bis wir gemerkt haben, dass auf solche Fragen keine Antworten zu finden sind. Die radikalste Antwort wäre die gewesen, uns zu trennen. Nicht nur einmal hat Anna in ihrer Fürsorge für mich und ihrer Liebe zu mir gefragt, ob ich mit einer anderen Frau nicht glücklicher hätte werden können. Dieses Mitgefühl hat mich tief berührt − und hat sofort heftigen Widerspruch bei mir erregt. Ich habe protestiert und ihr gesagt, eine solche Alternative ist für mich völlig unmöglich: ich könnte sie, einen Menschen, den ich über alles liebe, niemals aufgeben und zudem noch mit unseren Problemen dem Schicksal überlassen! „Anna, was geschehen ist und vielleicht noch geschehen wird, haben wir hinzunehmen", habe ich ihr gesagt, „das Wichtigste ist, wir bleiben zusammen. Gemeinsam können wir dem Schicksal die Stirn bieten. Eines weiß ich ganz genau: trennen wir uns, wird keiner von uns glücklich sein."

Doch jetzt hat das Schicksal dafür gesorgt, dass wir für immer auseinander gehen mussten. Das, was bis zu ihrem Tod das Wichtigste für mein Dasein gewesen ist, das Zusammenleben mit ihr, existiert nicht mehr. Immer stärker ist mir bewusst geworden, was es bedeutet, für immer voneinander getrennt zu sein! Unmittelbar nach ihrem Tod wäre ich am liebsten auch gestorben, denn ich habe mir ein Leben ohne sie nicht vorstellen können. Ich habe nicht geahnt, dass mir noch eine unbekannte Anzahl von Lebensjahren ohne sie bevorstehen könnte. Deshalb hatte ich auch gar keinen Plan für eine Lebenszeit ohne ihre Gegenwart. Ein solcher Plan hat nach ihrem Tod erst allmählich entstehen können. Er hat Gestalt angenommen, als ich meine letzte ehrenamtliche Verpflichtung, den Vorsitz einer am Lebensort meiner jüngeren Tochter ansässigen Stiftung meinem Nachfolger übergeben und damit dieses soziale Engagement abschließen konnte. Er ist entstanden, als sich bei mir der Gedanke, meine Zeit mit Anna zu beschreiben und damit für die Zukunft festzuhalten, immer mehr verdichtet hat. Er ist entstanden, als ich beschlossen habe, einige meiner unvollendet gebliebenen Arbeiten aus Interessengebieten meiner wissenschaftlichen Vergangenheit wieder in die Hand zu nehmen.

Mit dem plötzlichen Tod meiner jüngeren Tochter fünf Jahre nach Annas Tod ist mein Plan für die Jahre, die ich noch zu leben habe, immer fester geworden: ich werde über mein Leben und meine Zeit mit Anna und unseren Kindern schreiben. Ich werde viele meiner unvollendet gebliebenen Arbeiten und Gedanken aus meinen Berufsinteressen Mathematik und Physik wieder aufgreifen. Ich werde mich an Erzählungen versuchen, an Geschichten zu „Was wäre, wenn ..." und damit einigen Gabelungen meines Lebensweges nachspüren. Manches davon ist mittlerweile abgeschlossen und praktisch fertiggestellt. In welcher Weise ich mit diesen letzten Arbeiten umgehe, habe ich weiter oben schon beschrieben. Meine Hoffnung ist, mir wird noch genügend Zeit gelassen und ich bleibe von geistigen und weiteren körperlichen Einschränkungen verschont. Anna, ich weiß, du wirst Verständnis dafür haben und bereit sein, noch ein paar Jahre auf mich zu warten.

Zum Thema „Was wäre, wenn ..." haben sich bald drei Geschichten in meinem Kopf befunden, in denen es um jene Fragen ging, die unser Leben bestimmten, um Beziehung und um Liebe. Es sind drei Geschichten, die an Ereignisse in meinem Leben anknüpfen und die ich nur noch mit ein wenig schriftstellerischer Fantasie auszumalen hatte. Einer Fantasie, die mir nach dem Erlebnis meiner wunderbaren Beziehung zu Anna fast wie von selbst aus der Feder zu fließen scheint. Die erste dieser Geschichten, die als Buch erschienen ist, habe ich „Früher" genannt. Bei dieser Erzählung geht es um dieselben zwei Personen, aber eigentlich um zwei Geschichten. Im ersten Teil knüpfe ich an die weiter oben schon genannten Erlebnisse meiner ersten Liebe an und erzähle die Liebesgeschichte der fünfzehnjährigen Doris und des achtzehnjährigen Tobias, der sich nach seinem Abitur von ihr trennen muss. Im zweiten Teil geht es um die Fortsetzung dieser Liebesgeschichte etwa dreißig Jahre später, als sie sich nach einem anderen Leben, nach einer Beziehung zu einem anderen Partner wieder begegnen.

Im ersten Teil dieser Geschichte schreibe ich im Wesentlichen von der Zeit meiner ersten Liebe und versuche, diese Zeit aus der Sicht des Mädchens zu schildern. Eines besonderen

Mädchens, das für ihr Alter schon sehr große Gefühlsstärke besitzt, das bei ihren Eltern, besonders bei ihrer Mutter, im Gegensatz zum Verhalten vieler anderer Eltern nicht auf Ablehnung, auf Gegnerschaft trifft, sondern in ihnen Bundesgenossen findet. Der zweite Teil ist zwar mit Zutaten aus meinem Leben garniert, im Wesentlichen aber meiner Fantasie entsprungen. Ich habe nicht versucht zu schildern, was hätte geschehen können, wäre der Kontakt mit meiner ersten Liebe zu Beginn meines Studiums wegen der großen Entfernung, wegen der vielen Jahre Wartezeit und wegen meiner jugendlichen Unreife nicht verloren gegangen – und wäre ich nicht drei Jahre nach Beginn meines Studiums auf die Liebe meines Lebens, auf Anna getroffen. So, wie ich mich im Laufe meines erwachsen und reifer Werdens entwickelt und kennen gelernt habe, hätte es durchaus passieren können, dass ich bei meiner ersten Liebe geblieben wäre. Denn bevor ich mich von einem Mädchen oder einer Frau trenne, zu der ich einmal „ich liebe dich" gesagt habe, muss Schwerwiegendes geschehen! Für mich ist eine solche Liebeserklärung immer schon Versprechen und Verpflichtung für eine gemeinsame Zukunft gewesen. Alles andere ist Abenteuer, dem ich als junger Mann zwar nicht abgeneigt gewesen bin, bei dem ich mich aber niemals zu einer solchen Erklärung hätte hinreißen lassen. Ein solches Szenario habe ich nicht zum Anlass meines Buches „Früher" gemacht.

Der zweite Teil der Geschichte ist Fiktion. In diesem Teil erzähle ich von einer allmählichen Annäherung zweier Menschen, die in ihrer Jugend jene erste Liebesbeziehung hatten, die oben geschildert worden ist. Die in den fast dreißig Jahren danach aber ganz unterschiedliche Erfahrungen in jeweils einer Partnerschaft machen mussten. Die nach dem Ende dieser Beziehungen wieder mehr oder weniger zögerlich zueinander finden. Lange Zeit weiß Doris nicht, aus welchem Grund Tobias so zurückhaltend ist. Nachdem sie ein Tagebuch aus der Zeit ihrer Jugendliebe aufgefunden hat, ist sie bereit, die frühere Liebe wieder zu beleben, doch sie zweifelt, weil sie nicht erkennen kann, ob auch Tobias dazu bereit ist. Als sie schließlich den Grund für seine Zurückhaltung erfährt, ist sie erst erschrocken, dann aber fest entschlossen, sich auf ihrem Weg zu ihm nicht mehr aufhalten zu lassen und alle Widerstände beiseite zu räumen.

Spätestens mit diesem Buch wird meine geneigte Leserschaft erkennen, um welchen Typ Frau es mir immer gegangen ist: Eine dauerhafte Beziehung zu einer Frau kann ich mir nur dann vorstellen, wenn ich auf einen Menschen treffe, der auf der einen Seite klug und verständnisvoll ist und mir auf der anderen Seite mit einer Portion Selbstbewusstsein begegnet. Später bei Anna hat das alles perfekt gepasst. Mit einem Mädchen jedoch, das alles mit sich machen lässt, hätte ich nie angebandelt, mochte es noch so attraktiv sein.

15

Als meine Abhandlung über das Fliegen als Buch erschienen war, ist mir schnell klar geworden, das muss ins (amerikanische) Englisch übersetzt werden. Dafür hatte ich zwei Gründe: (1) Anlass dieser Schrift ist die aus den USA stammende Version einer Erklärung des Fliegens gewesen, die überhaupt nicht mit der Erklärung kompatibel ist, die in der europäischen Luftfahrt verwendet wird; (2) die in meinen Augen unzutreffende Erklärung der Amerikaner hatte sich schon vierzig Jahre lang gehalten und in Hochschulskripten und in vielen, auch deutschen Schulbüchern verbreitet. Als Naturwissenschaftler und als Lehrer an einem Gymnasium hat mich das sehr beunruhigt. Schon immer habe ich mich gegen die von mancher oberen Schulbehörde geforderte Notwendigkeit gewehrt, eine in meinen Augen mangelhafte Erklärung verwenden zu sollen, nur weil sie in einem Schulbuch steht. Und das ist nicht nur beim Thema Fliegen so gewesen, sondern auch bei vielen anderen Themen in Physik und Mathematik. Dies ist mir möglich gewesen, weil ich die fachliche Autonomie, die ich durch meine wissenschaftliche Ausbildung erlangt hatte, als Lehrer für Mathematik und Physik bewusst ins Spiel bringen konnte. Kritik an Art und Inhalt eines Unterrichts gehörte damals schon immer mehr zum Alltag eines Lehrers. Als ich von der wissenschaftlichen Laufbahn in die Laufbahn eines Lehrers am Gymnasium wechseln musste, war diese Befürchtung eine der Unbekannten, auf die ich mich einzulassen hatte. Doch in Art und Inhalt meines Unterrichts hat sich nie jemand eingemischt, weder ein Elternteil noch ein Beauftragter der oberen Schulbehörde. Im Gegenteil: Besucher, die ich gern an meinem Unterricht habe teilnehmen lassen, haben mir anschließend versichert: „Ihren Job möchte ich nicht haben. Von dem, was da gerade unterrichtet worden ist, habe ich praktisch keine Ahnung mehr. Doch ich habe in kürzester Zeit verstanden, worum es geht. Und vor Ihnen sitzen Torfköpfe, die so tun, als wären das alles böhmische Dörfer! Also nein, das wäre nichts für mich!"

Beim Gedanken Übersetzung habe ich zunächst daran gedacht, dass ein englisch verfasstes Buch weltweit gelesen werden kann. Wenn ich mir wünsche, dass ein Unterricht zum Fliegen in jedem Land der Welt möglichst nahe an nachweisbaren Fakten stattfinden soll, dann ist die Herausgabe einer englischen Version das Gebot der Stunde. Weil es mir in meinem Unterricht ebenso gegangen ist, weiß ich, dass ein mitdenkender Lehrer für seinen Unterricht ohnehin nur das verwenden wird, was er selbst für richtig und wahr hält. Das gehört zu seiner ureigenen Verantwortung. Mein Buch muss deshalb so gestaltet sein, dass ernstzunehmende Erklärungen einander gegenübergestellt werden, ohne einem Missionsdrang nachzugeben und eigene Meinungen in den Vordergrund zu stellen — nicht zuletzt deshalb, weil die eigene Meinung unzureichend sein könnte.

Dann habe ich auch an meinen Vater denken müssen. Der hatte zu einer Zeit, als er in seinem Berufsleben noch nicht fest im Sattel gesessen hat, sich vorgenommen, ein amerikanisches Fachbuch ins Deutsche zu übersetzen. Als Chemiker und Metallurge ist es um ein Fachbuch zum Strangziehen aus glühenden Stahlbrammen gegangen, also um ein technisches und metallphysikalisches   Fachbuch (Eignung und Verhalten mit Vanadium, Chrom und Nickel dotierter austenitischer und martensitischer Stähle für das Ziehen von dicken Drähten). Das hat dazu geführt, dass wir in unserer Familie eine Zeit lang nur vom sogenannten idealen kritischen Durchmesser gehört haben – wir Kinder, unsere Mutter und auch unser Vater haben es mit Humor genommen. Obwohl wir zusehen mussten, wie sehr er sich gequält hat. Sollte es mir jetzt bei der Übersetzung meiner Abhandlung zum Fliegen ähnlich ergehen? Mit den Fachbegriffen habe ich keine Probleme, wohl aber mit den begleitenden Texten und Erklärungen.

Als Naturwissenschaftler kannte ich natürlich auch englisch verfasste Fachartikel und Bücher. Dabei hat mich immer wieder erstaunt, mit welcher Leichtigkeit und Selbstverständlichkeit amerikanische Fachliteratur bei aller Wahrung der Sachlichkeit geschrieben worden ist. Unsere deutschen Texte sind mir dagegen immer wieder als ziemlich schwerfällig und mit langen, manchmal unnötig verschachtelten Sätzen vorgekommen. Mir ist klar gewesen, auch meine Texte werden keineswegs frei davon sein! Was das Verfassen verständlicher Bücher angeht, habe ich mich lebhaft an eine Aussage Robert Wichard Pohls erinnert, des direkten Vorgängers meines Institutschefs an der Uni, dessen Bücher zur Experimentalphysik viele Jahrzehnte lang zur Standardliteratur für angehende Physiker gehört haben. Ich habe Pohl noch selbst erlebt. Er hat gesagt: „Wer etwas nicht erklären kann, der hat es auch nicht verstanden. Eine verständliche Erklärung enthält Subjekt, Prädikat, Objekt; alles andere dient nur der Verwirrung." Er hatte eine Prämie für denjenigen ausgesetzt, der in seinen Büchern einen Folgesatz mit dass gefunden hat. Diese Schachtelsätze waren ihm äußerst zuwider. Ich habe mich an der Suche beteiligt – und beim Auswendiglernen seiner Bücher vor dem Zwischenexamen keinen derartigen Folgesatz gefunden.

Jetzt ist es um eine Übersetzung ins (amerikanische) Englisch gegangen. Ich habe gewusst: schon seit einiger Zeit gibt es Übersetzungsprogramme. Naiv, wie ich war, habe ich mir vorgestellt, meine Aufgabe bestünde im Wesentlichen darin, die korrekte Verwendung der Fachbegriffe in den übersetzten Texten zu überprüfen und die Formeln und Herleitungen dem amerikanischen Standard anzugleichen; alles andere sei so weit lesbar. Doch weit gefehlt! Als meine des Englischen weitaus kundigere ältere Tochter mein Traktat gelesen hat, meinte sie, so geht das nicht. In Diskussionen mit ihr ist mir klar geworden: bisherige Übersetzungsprogramme sind darauf gedrillt, die schwerfälligen und verschachtelten Sätze in der deutschen Fachliteratur möglichst unverfälscht ins Englische zu übersetzen. Von der Leichtigkeit und Kürze der amerikanischen Art, wissenschaftliche Texte zu verfassen, keine Spur!

Zu der Zeit ist mit Chat-GPT ein Übersetzungsprogramm bekannt geworden, das mit Hilfe von KI (künstlicher Intelligenz) auf der Basis einer umfangreichen Sammlung von veröffentlichten Fachartikeln und Büchern über unglaublich viele sachbezogene Formulierungsvorschläge verfügt – über viel mehr, als man sich als einzelner Mensch jemals anlesen kann. Die Übersetzung, die meine Tochter mit Hilfe von Chat-GPT zu meinem Buch „Wie geht Fliegen?" geliefert hat, ist auf diese Weise sehr viel lesbarer geworden! Wir haben dem übersetzten Buch den Titel „How to Fly" mit dem Untertitel „An Educational Book" gegeben. Für diese Hilfe bin ich meiner Tochter unendlich dankbar! Dieses Übersetzungsprogramm hat mir das Leben sehr erleichtert und die Veröffentlichung sehr befördert.

In den Monaten, in denen wir über dieser Übersetzung gebrütet und darüber diskutiert haben, sind mir einige Dinge aufgefallen. Ich weiß nicht, wie schwer uns die Übersetzung eines literarischen Textes wie beispielsweise eines Romans gefallen wäre. Das Deutsche als Sprache enthält viele Wörter und Nuancierungen, die sich nur schlecht oder gar nicht übersetzen lassen. Ich denke da an Beispiele wie „gemütlich", „Vereinsamung" oder „Verlustangst" mit ihrer speziellen Bedeutung, die in anderen Sprachen nicht zu finden ist, es sei denn, man umschreibt diese Begriffe mit ganzen Sätzen. Bei der

Übersetzung meines Sachbuches zum Fliegen mit Hilfe von Chat-GPT ist aufgefallen, dass es auch in der deutschen Fachliteratur Begriffe gibt, für die in der angelsächsischen Literatur keine passende Entsprechung lieferbar ist. Ich muss den kundigen Leser deshalb um Verständnis bitten, der beim Vergleich der beiden Bücher deutsch und englisch an einigen Stellen bemerkt, dass das, was im deutschen Text gemeint ist, in der englischen Version nicht so recht herüberkommt. Das kann auch daran liegen, dass die damals von uns verwendete Chat-GPT-Version beim Thema Fliegen noch nicht über genügend viel Textmaterial verfügt oder mit noch zu einfachen Suchalgorithmen gearbeitet hat.

16

In den sechsundfünfzig Jahren, die ich mit Anna zusammenleben konnte, habe ich nie geglaubt, der einzige Mann gewesen zu sein, der sich für sie interessiert. Wer sie gekannt hat, hat natürlich bemerkt, welcher wunderbare Mensch sich hinter ihrem zurückhaltenden Auftreten befunden hat. In ihrer Berufstätigkeit als Realschullehrerin hat sie nicht nur viele sympathische Kolleginnen gefunden, sie hat auch mit etlichen männlichen Kollegen zu tun gehabt, deren Interesse sie erregt hat. Von dreien weiß ich das, weil Anna das nicht verheimlicht hat. Neben dem Stolz, das Rennen um ihre Gunst ein für alle Mal gewonnen zu haben, muss ich allerdings gestehen, hier und da durchaus auch besorgt gewesen zu sein. Um keinen falschen Verdacht aufkommen zu lassen: Anna hat mir nie irgendeinen Anlass zum Misstrauen oder gar zur Eifersucht gegeben – wie ich ihr im Übrigen auch nicht. Zum Nachdenken bin ich allerdings gebracht worden, wenn sie von den gemütlichen Weinabenden mit einem mir bekannten sympathischen Kollegen berichtet hat, der sie als männliche Lehrkraft auf ihren vielen Klassenfahrten vorzugsweise unterstützt hat. Ich habe mir vorgestellt, an seiner Stelle zu sein, in einer gemütlichen Weinstube ihr gegenüber zu sitzen und mich dagegen wehren zu müssen, sie immer sympathischer zu finden, sie immer mehr zu mögen. Sie hat das Interesse an ihr nicht nur bemerkt, es hat ihr ganz bestimmt auch gefallen. An manchem einsamen Abend, an dem ich daran denken musste, wie sie mit ihrer Klasse und diesem Kollegen unterwegs gewesen ist, habe ich mir vorgestellt, was aus uns werden würde, sollte es bei einer dieser Klassenfahrten zu einem Abenteuer kommen. Könnte ich ihr verzeihen, wenn sie danach bei mir bliebe? Vielleicht. Gott sei Dank habe ich nie einen Anlass gehabt, diese Vorstellung zu Ende zu denken, weil sie immer wieder fröhlich von ihren Klassenfahrten heimgekommen ist, ausführlich berichtet und mir ihre Liebe unverändert gezeigt hat.

An diese Erinnerung anknüpfend habe ich eine weitere Geschichte zum Thema „Was wäre, wenn ..." geschrieben. Ich habe sie „Saat des Zweifels" genannt. Es ist eine Beziehungsgeschichte, die in einer schon Jahre währenden Liebesehe spielt. Beim Verlassen einer Buchhandlung beobachtet Götz, wie seine Frau Lisa mit einem ihm bekannten Kollegen ihrer Schule in ein vertrautes Gespräch vertieft vorbeigeht, obwohl sie vorher davon gesprochen hat, ihre Kolleginnen zu treffen. Anstatt sich zu erkennen zu geben, wundert er sich über seinen impulsiven Rückzug, über seinen unerwarteten Zweifel. Dieser Zweifel kommt nicht ohne Grund, denn Götz weiß, welcher Mensch Lisa ist, Lisa, die er über alles liebt. Von diesem Tag an befindet er sich jedoch in einem Zustand wachsender Unsicherheit und aufblühenden Zweifels.

Lisa ist nicht irgendein Mädchen, nicht irgendeine Frau. Das hat Götz schon gleich zu Beginn ihrer Beziehung zu spüren bekommen. Als er sie zur Feier seines achtzehnten Geburtstages eingeladen hat, hat er zum ersten Mal erlebt, wie schnell Lisa zum Mittelpunkt werden kann und wie schnell sie von seinen Klassenkameraden umschwärmt und zum Tanzen aufgefordert worden ist. Und wie sehr Lisa diese Aufmerksamkeit genossen hat! Dabei hat sie gar nichts unternommen, um aufzufallen, weder in ihrem Aussehen noch in ihrem Verhalten. Im Gegenteil, sie ist einfach in einer beeindruckenden Weise natürlich und sie selbst gewesen. „Götz", hat sie ihm erklärt, „bis zu deiner Einladung habe ich mich eher als Ableger des Mauerblümchens gefühlt. Ich habe gar nicht gewusst, welche Wirkung ich auf deine Klassenkameraden habe." Als Götz gesehen hat, mit welcher natürlichen Liebenswürdigkeit Lisa ausgestattet ist, ohne sich mit ihren Tanzpartnern gleich aufs Flirten einzulassen, hat er sich in sie verliebt. Er hat schnell gemerkt: Lisa ist kein gewöhnliches Mädchen, sie hat Klasse! Und das nicht nur als eine Freundin. Er hat aber auch schnell zu spüren bekommen, dass sie ein Mädchen ist, das durch seine ungewöhnliche Natürlichkeit andere junge Burschen, andere Männer anzieht.

Nach dem Besuch der Buchhandlung hat Götz versucht, seine aufkommenden Zweifel in Schach zu halten. Als Naturwissenschaftler hat er zunächst geglaubt, über Zweifel Bescheid zu wissen. Zweifel sind in den Wissenschaften positiv konnotierte Verhaltensweisen; viele neue Erkenntnisse sind erst durch den Zweifel an bisherigen Kenntnissen möglich geworden. Doch bei der Übertragung dieser Erfahrungen auf jene Zweifel, die seine Beziehung mit Lisa betreffen, hat er schnell gemerkt: hier geht es um ganz andere, um zerstörerische Zweifel. Eine unbedachte Ungeschicklichkeit von Götz hat dann Lisa auf den Plan gerufen. Jetzt hat auch Lisa Zweifel, die zu einer innerhäuslichen Quarantäne führen. Götz entflieht, ohne Lisa zu sagen, weshalb er sich zurückzieht und wo er einen zehntägigen Urlaub verbringt. Jetzt sind beide wütend aufeinander, sind zugleich zerknirscht und werden von Zweifeln gequält.

In diesen zehn Tagen haben beide eine Begegnung, die einerseits Sprengstoff für ihre bis dahin so enge Beziehung ist, die sie andererseits aber erkennen lässt, was sie am Anderen haben, was sie verbindet und was ihre Liebe zueinander ausmacht. Es gelingt ihnen letzten Endes, die Saat des Zweifels nicht aufgehen zu lassen. Es ist aber gar nicht einfach, die eigenen Verfehlungen zu gestehen, und es ist noch schwerer, die Verfehlungen des Partners zu verzeihen. Nach diesen zehn Tagen erscheint die Mauer zwischen ihnen undurchdringlicher denn je. Die eigentliche Versöhnung gelingt erst dann, als Götz auf einem Akademikerball ohne Misstrauen verfolgen kann, wie Lisa die Verehrung durch die Herren genießt, wie er zusehen kann, wie glücklich sie ist, auf diese Weise beachtet zu werden, und wie er erkennt, dass Lisa mit keinem der Herren das Flirten anfängt.

Nachdem ich diese Geschichte einer Beziehung geschrieben hatte, habe ich mich gefragt, was sie mit Anna zu tun hat. Ich denke, so einiges. Lisa hat viele Eigenschaften Annas, ist aber in der Art, wie sie nach ihrer Erweckung aus dem Dornröschen-schlaf ihre Meinung vertreten hat, erheblich radikaler. Anna ist besonders in erotischen Dingen noch stark durch ihre Erziehung und die Zeit, in der sie aufgewachsen ist, geprägt gewesen. Eine befreite und unabhängige Haltung zur körperlichen Liebe hat sie erst später entwickeln können. Lisa ist in dieser Hinsicht anders. In sinnlicher Hinsicht habe ich ihr von vornherein eine viel selbstbewusstere und aktivere Rolle gegeben. Mit Götz musste ich dann einen Partner schaffen, der Lisas Gefühlswelt etwas entgegenhalten konnte, der ihr Bedürfnis nach Befrie-digung stillen konnte, der sie davon überzeugt hat, der Mann für ihre Zukunft zu sein.

17

Mathematiker seien spezielle Typen, nerds, die sich gern mit Fragen beschäftigen, für die sich sonst kaum jemand interessiert. Wie Ehemalige aus ihrer Schulzeit berichten, hat es in fast jeder ihrer Klassen einen solchen Typen gegeben. Ist das nur Nostalgie? In unserer modernen Informationsgesellschaft, in der Grundkenntnisse der Mathematik als immer wichtiger angesehen werden, in der man ohne elektronische Rechner gar nicht mehr leben kann, ist das aber immer noch so: fast jeder junge Mensch strebt danach, wenn schon ein nerd, dann bitte ein influencer, jedoch nicht einer, der Algebra verstehen will. „Algebra ist brotlose Kunst", heißt es, „als influencer für die drei M's, Mode, Musik und Meinungen, werde ich beachtet, kann ich viele likes bekommen und damit Geld verdienen." Landauf, landab wird in der Schule gejammert: „Wozu brauche ich Mathematik?" Eltern beschweren sich, ihre Kinder würden gequält. Andererseits sorgen Politiker sich um die Fähigkeiten unserer Jugend. Mitten in dieser Gemengelage nehme ich mir also vor, ein Buch über Mathematik zu schreiben, mich somit als nerd zu outen. Na, dann viel Glück!

Diese Sätze stehen am Anfang meines Sachbuches mit dem Titel „Schräge Mathematik und andere Pretiosen". Im Verlauf meines Berufslebens, zu dem auch die Unterrichtung von elementarer und höherer Mathematik gehört hat, ist ein Sammelsurium an interessanten Gedanken und merkwürdigen

Zusammenhängen entstanden, das in dieser Form in anderen Büchern über Mathematik nicht zu finden ist. Schon seit vielen Jahren hat mich die Absicht umgetrieben, einige dieser besonderen mathematischen Sachverhalte in einen bunten Strauß zusammenzubinden und als ein sogenanntes anderes Mathebuch zu veröffentlichen. Besonders interessant und deshalb zu Schwerpunkten dieses Buches sind Gedanken zu drei Themen geworden, die für die gymnasiale Oberstufe, speziell für das Abitur, als zu einfach gelten, die es aber in sich haben, schaut man etwas genauer hin: aus der Algebra die quadratische Gleichung, aus dem Bereich Funktionen die Parabel, aus der Geometrie das Quadrat.

Anna ist Lehrerin für Mathematik, Physik und Chemie an der Realschule gewesen. Sie hat viele Beispiele für Schwierigkeiten bei der Unterrichtung von Elementarmathematik mitgebracht. Wir haben nie über Unterrichtsmethoden diskutiert oder gar gestritten, keiner von uns hat sich jemals in das Unterrichts-geschehen des Partners eingemischt. Wir haben aber über zwei Anforderungen gesprochen, die von außen an den Mathematik-unterricht herangetragen worden sind: (1) Mathematikunter-richt sollte viel näher an der Anwendung stattfinden. Schü-lerinnen und Schüler sollten erkennen können, wie nützlich mathematische Kenntnisse sind. (2) Reicht es, wenn die Lehrkraft im Mathebuch eine Seite weiter ist als ihre Schüler? Oder gelingt guter Unterricht erst dann, wenn man weit über den aktuellen Bedarf hinausreichende Kenntnisse hat? Zu diesen beiden Anforderungen möchte ich einige Anmerkungen machen.

Zu (1): In den meisten Fällen, in denen wir uns eine anwendungsnahe Aufgabe überlegt haben, haben wir feststellen müssen, dass es erhebliche Mühe kosten kann, erst ein Verständnis für den jeweiligen Anwendungsfall zu wecken, bevor es an die eigentliche Mathematik geht. Zudem erfordern anwendungsnahe Aufgabenstellungen in der Regel erheblich mehr Unterrichtszeit. Hinzu kommt, dass gar mancher Schüler meint: „Sagen Sie uns, wie es geht, dann sind wir bereit, es zu lernen". In meinem Buch gibt es zu dieser Anwendungsproblematik zwei notwendigerweise breit dargestellte Beispiele. Eines aus der Flugphysik: Vom Parabelnetz zur Gleitzahl, und ein mit viel höherer Mathematik garniertes Beispiel: Der Flug des Federballs.

Zu (2): Diese Frage berührt das Problem, wie gut die fachliche Ausbildung einer Lehrkraft sein sollte. Ich möchte jetzt nicht das Beispiel des jungen Carl Friedrich Gauß nennen, der seinen Lehrer damit überrascht haben soll, die Summe der Zahlen von 1 bis 100 in sehr kurzer Zeit zu 5050 bestimmt zu haben – und der Lehrer keine Ahnung hatte, wie er das gemacht hat. In meinem Buch führe ich das Beispiel Fibonacci-Zahlen an, bei dem aus einem simplen Legespiel mit Zahnstochern eine Entdeckung besonderer Zahlen folgt, deren Bedeutung der Lehrkraft unbekannt bleibt, wenn sie in ihrer Ausbildung nie etwas von diesen Zahlen gehört hat. Anna und ich sind übereinstimmend der Meinung gewesen, die Mathematikverdrossenheit hat auch mit der stetigen Reduzierung der Anforderungen in der Ausbildung von Grundschullehrern zu tun. Natürlich ist uns klar gewesen, dass man von einer Grundschullehrkraft nicht verlangen kann, beim spielerischen Legen von Zahnstochern nach einfachen Regeln am Ende nicht allein die Moivre-Binet'schen Formeln für Fibonacci-Zahlen im Kopf zu haben, sondern sie gar verstanden zu haben. Doch welche Sicherheit wird eine Lehrkraft ausstrahlen, die weiß, dass es so etwas gibt, und welch einen Segen und welche Motivation stellt sie für eine Überfliegerin, einen Überflieger unter ihren Schülern dar, wenn sie nach einem Spiel mit Zahnstochern einen solchen kühnen Ausblick bieten kann!

Zu den elementaren Rechentechniken der Grundschule zählt das Verfahren der schriftlichen Division zweier Zahlen, mit dem sich so manche Lehrkraft in der vierten Klasse abzuplagen hat. Dazu die Frage an Sie als den vielleicht an Mathematik interessierten Leser: Wissen Sie, woher dieses Verfahren stammt? Ich fürchte, Ihre Suche nach einer Begründung dieses Verfahrens in Mathebüchern und im Internet wird so ziemlich ins Leere laufen. So manche Grundschullehrkraft wird ihrem Schüler, ihrer Schülerin mitteilen, es geht, ich weiß aber nicht, wieso. Deshalb beschäftige ich mich gleich zu Beginn meines Buches mit dieser Frage. Wie so häufig in der Mathematik steckt hinter dieser Elementartechnik ein tieferes mathema-

tisches Problem, in diesem Fall das Verfahren der Polynom-
division. Auch hier wird wieder ein Beispiel für das gerade
besprochene Problem einer ausreichenden Ausbildung sicht-
bar.

Ein Buch über Mathematik ohne Übungsaufgaben zu verfassen,
so etwas gibt es für mich nicht. Zu den vielen im Buch
angesprochenen Themen gibt es etliche Übungen, die sich in
einem Anhang am Schluss befinden. Von ganz simplen
Rechnungen und Herleitungen bis zur höheren Mathematik
kommen alle Arten von Übungen vor. Manchmal muss dem
Leser, der Leserin einiges abverlangt werden. Aber so ist das in
der Mathematik! Wer solche Übungen nicht mag, wird sich mit
den vorliegenden Texten zufrieden geben und die Übungen
beiseitelassen; häufig reicht das. Doch wer sich an die Übungen
herantraut, kann erleben, wie befriedigend es ist, etwas
verstanden oder gar eine Lösung selbst gefunden zu haben!

18

Parallel zur Fertigstellung des Mathebuches habe ich zum
Thema Beziehungen eine dritte Geschichte geschrieben: „Sein
und Schein". Der Spagat zwischen nüchternem Nachdenken
über mathematische Sachverhalte und Beschreibung von
Gefühlswelten ist spannend gewesen! Anlass dieser Geschichte
ist jene weiter oben an zwei Stellen genannte Erfahrung, die ich
als junger Student gemacht habe, bevor ich auf Anna getroffen

bin: das erregende Wochenenderlebnis mit einem gleichaltrigen Mädchen an meiner Stammuniversität und das enttäuschende Wiedersehen etwa ein Jahr später an einer Ausweichuniversität. Mit dem Leitgedanken, „Was wäre, wenn ...“ im Hinterkopf habe ich mir vorgestellt, das Wiedersehen mit ihr wäre keine Enttäuschung gewesen und hätte nicht in einem Fiasko geendet. Ich hätte stattdessen mit ihr die damals erhoffte erste Liebesnacht meines Lebens gehabt! So, wie ich mich kenne, wäre mir dieses Erlebnis zunächst zwar als Abenteuer erschienen, wäre dann aber für mich immer bedeutender geworden. Ich glaube, ich wäre an diesem Mädchen hängen geblieben. Anna, diesem wunderbaren Menschen hätte ich mich über ein Jahr später womöglich nicht mehr zuwenden können. Nun, das Schicksal hat anders entschieden, es hat dafür gesorgt, dass Anna und ich uns gefunden haben.

Den beiden Protagonisten in der Beziehungsgeschichte „Sein und Schein“ habe ich die Namen Paula und Robert gegeben. Das Drama, das sich in ihrer Beziehung entwickelt, ist Fiktion. Nicht alles jedoch, was ich in dieser Geschichte erzähle, ist erfunden. Keine Fiktion, sondern von mir so erlebt ist zum Beispiel, was Robert aus seinem Anfangsstudium berichtet. Die Liebesbeziehung zwischen Paula und Robert entwickelt sich bis zu ihrer Hochzeit so ähnlich wie die Liebesbeziehung, die ich im gleichen Alter mit Anna hatte. Wie Anna und ich haben auch Paula und Robert längere Zeiträume der Trennung voneinander zu überstehen, Trennungszeiten, die sie hart zu stehen kommen. Paula und Robert haben wie Anna und ich den Wunsch, viele Kinder in die Welt zu setzen und groß zu ziehen. Paula lässt mit dem Hochzeitstag die Verhütungspille weg und wartet auf ihre erste Schwangerschaft. Doch die will nicht kommen.

Nach einer Untersuchung bei der Frauenärztin wird Paula bestätigt, sie kann Kinder bekommen. Als examinierte und berufstätige medizinische Fachangestellte weiß sie, dass Kinderlosigkeit auch am Mann liegen kann. Als Robert sich vom Urologen überprüfen lässt, erhalten sie die unerwartete Diagnose: Robert kann keine Kinder zeugen. Das mit dieser Diagnose verbundene Ende ihres Traumes vom eigenen Kind ist für beide ein Knock-Out. Was das für ihre Beziehung bedeutet, müssen sie noch begreifen. Ihr bis dahin so harmonisches Zusammenleben erfährt seine erste Belastung; die Nähe, die körperliche Übereinstimmung, die sinnliche Befriedigung, die Paula gesucht und gefunden hat, das, was sie unter einer Beziehung versteht, existieren plötzlich nicht mehr. Robert zieht sich in sein Arbeitszimmer zurück, er ist nicht bereit, mit Paula über diese neue Lage ihrer jungen Ehe zu sprechen.

Paula weiß, sie muss Robert Zeit lassen, diese für einen Mann so deprimierende Diagnose zur Kenntnis zu nehmen und sein weiteres Leben neu zu ordnen. „Ich muss nachdenken, was ich tun soll", hat er nur gesagt. Was sie nach einiger Zeit aber immer weniger versteht: von ihrer vormals so harmonischen und erregenden Beziehung scheint nichts mehr übrig zu sein.

Ihre Furcht, Robert wird eine Entscheidung treffen, die das Ende bedeutet, wird immer größer. Als sie beteuert, ihn auch ohne Kinder zu lieben, sagt er ihr etwas sehr Überraschendes. Er sagt, sie habe sich so sehr Kinder gewünscht, sie sei noch so jung, sie könne Kinder bekommen, ihre ganze Zukunft läge noch vor ihr. Er würde sie freigeben, sich einen Mann zu suchen, mit dem sie Kinder haben kann. Nach einem ersten Schreck hat Paula erkannt, wie sehr Robert sie lieben muss, um ihr einen solchen Vorschlag zu machen! Sie beschließt, ihn niemals zu verlassen.

Ihre Beziehung ist zwar längst nicht mehr die alte, doch sie können wieder miteinander reden. Beide wollen sie den Traum von einem oder zwei Kindern nicht aufgeben. Sie sprechen über ein Pflegekind, über eine Adoption, über eine anonyme Samenspende. Bei allen diesen Alternativen haben sie gute Gründe, sich nicht darauf einzulassen. Bei einem Pflegekind oder einem adoptierten Kind hat kein Elternteil eine biologische Bindung an das Kind. Paula meint, solange sie selber Kinder bekommen kann, wird es ihr schwer fallen, eine Mutterbeziehung zu solchen Kindern zu entwickeln. Bei einer anonymen Samenspende ist das anders. Doch da fürchtet sie das Lotteriespiel, auf das sie und Robert sich einlassen müssten. Wie werden sie sich fühlen, wenn das heranwachsende Kind Eigenschaften zeigt, die dem unbekannten Erzeuger anzulasten sind? Und wenn der unbekannte Erzeuger jemand ist, der schon viele Samenspenden abgegeben hat und demnach viele Halbgeschwister existieren? Paula kann aus ihrer beruflichen Praxis von einigen Beispielen berichten. Nach diesen ersten Gesprächen stellen sie fest: in der Kinderfrage stehen sie wieder am Anfang.

Schon im Verlauf dieser ersten Gespräche ist Paula blitzartig ein Gedanke durch den Kopf gegangen, der ihr aber so ungeheuerlich erschienen ist, dass sie sich das Weiterdenken verboten hat. Wenn Robert sich vorstellen kann, mich freizugeben, ihn zu verlassen, um mir einen anderen Mann zu suchen, mit dem ich Kinder haben kann, dann kann er sich vielleicht auch vorstellen, ..., nein, das kann ich selbst nicht, und ihm kann ich das auch nicht zumuten! In einem besonders traurigen Moment, als sie über Kuckuckskinder in gewöhnlichen Ehen sprechen, macht Paula eine Andeutung, die Robert sofort aufhorchen lässt! „Ich kann Kinder bekommen und unseren Kinderwunsch erfüllen", sagt sie.

Später kann Paula nicht mehr verstehen, warum sie alle Stoppschilder missachtet hat. Sie ist noch keine fünfundzwanzig Jahre alt und fühlt sich dem Kinderwunsch, der Krönung einer glücklichen Beziehung, dem biologischen Antrieb, ein Kind zu gebären, voll ausgeliefert. Als Robert, der die Enttäuschung, auf Kinder verzichten zu müssen, längst noch nicht überwunden hat, intensiv nachfragt, berichtet Paula von ihrer „wahnwitzigen Idee", wie sie sagt: fremd zu gehen und auf diese Weise zu einem Kind zu kommen. Es dauert einige Zeit, bis Robert überhaupt bereit ist, sich mit einem solchen Gedanken zu beschäftigen oder gar anzufreunden. Nach langem Überlegen und vielem Hin und Her beschließt Paula, mit Roberts Wissen einen zuverlässigen biologischen Vater ihres Kindes auf eine Weise zu suchen, die spätere Ansprüche verhindert. Als sie glaubt, alles bedacht zu haben, als sie sich sicher fühlt, handelt sie − zwei Mal.

Nach dem ersten Seitensprung gebärt sie Zwillinge, zwei Mädchen; nach dem zweiten Seitensprung einen Jungen. Angesichts der väterlichen Fürsorge, mit der Robert ihre Kinder, die nicht seine Kinder sind, annimmt, hätte ihr Glück vollkommen sein können, gäbe es nicht zwei Hypotheken: ihr schlechtes Gewissen und die Tatsache, dass Robert und sie ein Geheimnis teilen, das sie beide einsam macht. Niemand, auch keiner der nächsten Angehörigen darf Kenntnis davon erhalten, woher die Kinder kommen. Denn das Urteil der Gesellschaft ist erbarmungslos. Ihren Kindern werden sie dieses Geheimnis spätestens dann, wenn sie volljährig sind, eröffnen müssen. Bis dahin müssen sie hoffen, dass ihre Herkunft beispielsweise durch einen DNS-Test nicht aufgedeckt wird. „Unser Leben, das für alle Außenstehenden wie ein glückliches Sein aussieht, ist in Wahrheit ein Schein", sagt Paula, „doch damit haben wir unser Glück erkaufen müssen." Sie beschließen, ihren Kindern erst zum Zeitpunkt ihrer Volljährigkeit mitzuteilen, dass Robert nicht ihr biologischer Vater ist.

19

Mit den sechs Büchern „Erinnerungen an Anna", „Lebenserfahrungen", „Früher", „Saat des Zweifels", „Sein und Schein"
und dem vorliegenden Buch „Nach ihrem Tod" habe ich aus
dem für mich bedeutendsten Teil meines Lebens erzählt: über
eine wunderbare Beziehung mit Anna, eine sechsundfünfzig
Jahre andauernde Beziehung, die ich erlebt habe, und über
Beziehungen, die ich stattdessen hätte erleben können. Welche
Lehren ich diesen Erinnerungen jetzt im Alter von fünfund-
achtzig Jahren zu entnehmen habe, davon wird später noch die
Rede sein. Vorher möchte ich von weniger bedeutsamen
Ereignissen berichten, die weitab von jener Gefühlswelt
gelegen haben, die vom Denken an Mädchen und Frauen
bestimmt worden sind, die mich dennoch immer wieder
beschäftigen konnten: meinen Interessen für physikalische und
mathematische Fragen. In drei vorhergehenden Kapiteln habe
ich schon über ein physikalisches Problem berichtet, die Frage,
wie das Fliegen geht, sowie über Mathematik. Dazu sind bislang
drei Bücher erschienen: „Wie geht Fliegen?", eine englische
Übersetzung davon: „How to Fly" sowie „Schräge Mathematik
und andere Pretiosen". Neben Notizen zu diesen Büchern
haben sich in den Schubladen meines Schreibtischs noch etliche
weitere unbearbeitete Schriften befunden.

Darunter sind sechs märchenhafte Geschichten aus der Welt
der Physik, die ein weiteres Sachbuch füllen werden, ein Buch,

dessen Inhalt schon existiert, das jedoch noch zu redigieren ist und das vermutlich den Titel „Märchenstunden eines Physikers" erhalten wird. Es gibt einige weitere Schriftsätze zu jenen Themen, die mich einmal sehr interessiert haben und die man als Steckenpferde oder Hobbys bezeichnet. Schließlich existieren noch einige unvollendet gebliebene Arbeiten aus jener Zeit, als ich eine wissenschaftliche Laufbahn eingeschlagen hatte, die – wie weiter oben beschrieben – ein plötzliches Ende finden musste. In diesen Jahren ist Anna für mich eine treue Begleiterin gewesen, hat sich nie beschwert, wenn ich Überstunden im Institut ableisten musste, wenn ich stundenlang am Schreibtisch gesessen habe oder im Bastelkeller verschwunden war. Gott sei Dank habe ich ihr immer meine Liebe zeigen und mich zu den Zeiten an ihre Seite stellen können, als ihr die Probleme mit ihrer Elternfamilie über den Kopf gewachsen sind. Etliche Zeit habe ich damit verbracht, mit ihr zu ihren Eltern und zu ihren Brüdern zu fahren, die in ihr einen Familienangehörigen gesehen haben, dem sie ihre Nöte anvertrauen können. So betrachtet haben wir uns nicht nur geliebt, so betrachtet haben wir uns auch im Alltagsleben ergänzt. Ich kann mir keine andere Frau vorstellen, mit der zusammen ich alles das hätte überstehen können, was das Schicksal für uns vorgesehen hat, und die mir dazu noch die Freiheit gegeben hat, meinen Interessen nachgehen zu können. Ihre größte seelische und psychische Leistung hat sie erbracht, als ich meine Stellung an der Universität aufgeben und mich für eine ganz andere Berufslaufbahn qualifizieren musste. Das ist zu einer Zeit geschehen, als wir zwei kleine Kinder hatten, eines davon schwerbehindert, als ein drittes Kind unterwegs war, das als geistig behindertes Kind zur Welt gekommen ist, als wir uns gerade ein Haus gekauft hatten, schwer verschuldet waren und in eine finanzielle Notlage geraten sind. Ich habe ihren Einsatz in dieser Notzeit nur dadurch vergelten können, dass ich sie mit allen Fasern meines Herzens geliebt habe.

Auch nach dem Ende meiner wissenschaftlichen Laufbahn sind mir natürlich jene Projekte nicht aus dem Kopf gegangen, mit denen ich mich in den „goldenen" fünf Jahren beschäftigen konnte, die mir nach der Abgabe meiner Dissertation noch im Wissenschaftsbetrieb verblieben sind. Im Vergleich zur Forschungsrealität an heutigen Universitäten habe ich damals ein Paradies vorgefunden, in dem ich arbeiten durfte. Neben Aufgaben, die ich für das Institut und für den Institutschef zu erledigen hatte, ist mir genügend Zeit gegeben worden, eigenen Forschungsinteressen nachzugehen. Es gab drei größere Themen der Grundlagenforschung in der Festkörperphysik, denen ich mich in dieser Zeit widmen konnte: einem Diffusionsproblem, dem immer wieder hochinteressanten Problem Wasser bzw. Eis und der Veränderung der Eigenschaften von Kristallen, die mit Fremdatomen dotiert worden sind. Diese Themen sind auch schon wichtig gewesen, als ich die Experimente zu meiner Diplomarbeit und meiner Dissertation gemacht habe. Zu einem speziellen Aspekt der Diffusion hatte ich in diesen Jahren einige Fachartikel veröffentlichen können: dem sogenannten Anlaufvorgang. Doch zur Veröffentlichung dreier weiterer Ergebnisse meiner Forschungen ist es nicht mehr gekommen. Diffusionsprobleme können mit zwei Differentialgleichungen (DG) beschrieben werden: eine zur konzentrationsunabhängigen und eine zur konzentrationsabhängigen Diffusion. Für die DG, die für die Beschreibung der konzentrationsunabhängigen Diffusion zuständig ist, existiert eine analytische Lösung. Die DG der konzentrationsabhängigen Diffusion jedoch kann bezogen auf den konkreten Fall in der Regel nur numerisch gelöst werden. Das war mir gelungen, damit konnte ich ein spezielles mehrschichtiges Anlaufproblem, mit dem ich mich beschäftigt hatte, erklären.

Das Wasser hat bei meinen Forschungen schnell eine besondere Rolle gespielt. Zunächst war es als Störfaktor in meinen Hochvakuumanlagen aufgetreten und dort nur deshalb von Interesse. Doch bald ist es zu einem eigenen Forschungsprojekt geworden. Wasser, das in genügender Menge in mit Fremdatomen dotierten Kristallen gelöst werden kann, ist spektroskopisch leicht nachweisbar: im nahen Ultrarotbereich befinden sich für Wasser typische Absorptionslinien. Bei meinen Experimenten sind neben einzeln nachweisbaren im Kristall herumwandernden Wassermolekülen mikroskopisch noch nicht sichtbare winzige Wasserausscheidungen entstanden, deren Struktur und Wechselwirkung mit der kristallinen Umgebung mich zunehmend interessiert haben. Dazu habe ich auch ultrarot-spektroskopische Messungen bei tiefen Temperaturen mit Hilfe im Institut vorhandener Kryostaten gemacht, bis herab zur Temperatur des flüssigen Wasserstoffs (20 K). Bei diesen Messungen habe ich eine tiefste Temperatur von minus 51 °C gefunden, bei der Wassereinschlüsse noch flüssig gewesen sind. Diese Beobachtung habe ich damals als Weltrekord bei der Unterkühlung von flüssigem Wasser angesehen.

Die Veränderung der optischen Eigenschaften, der elektrischen Leitfähigkeit und der Spinresonanzen von Einkristallen, die mit Fremdatomen dotiert worden sind, haben zu den speziellen Themen der Festkörperphysik gehört, die neben der Tieftemperaturphysik (Supraleitung und Eigenschaften der Materie bei sehr tiefen Temperaturen) Forschungsschwerpunkte meines Instituts waren. Ich habe im Festkörperphysikbereich geforscht und dabei einige Beobachtungen machen können, die mir interessant erschienen sind. Die Entwicklung der Grundlagenforschung an Festkörpern hat damals wegen der Anforderungen der aufkommenden Computertechnik eine Richtung eingeschlagen, deren Bedeutung erst später erkannt worden ist. Damals hat die Festkörperphysik jedoch zu jenen Fachgebieten der Physik gehört, die immer weniger Interesse von Geldgebern erregt haben. Stattdessen hat die Grundlagenforschung an Großanlagen zur Teilchen- und Kernphysik in Politik und Wissenschaftsbetrieb immer mehr Priorität erlangt. Mit der Berufung des neuen Ordinarius an mein Institut ist das bisherige Teilgebiet der Festkörperforschung, an dem ich

gearbeitet habe, aufgegeben worden. Da ich ohnehin weg-
gehen musste, hat mich das zwar nicht mehr betroffen, doch
bekümmert hat mich das schon. Wenn ich bedenke, was sich
etliche Jahre später im Bereich der Festkörperphysik getan hat,
als parallel zur Entwicklung der Computertechnik Speicherme-
dien für große Datenmengen erforscht worden sind, bin ich
schon ein wenig traurig, nicht mehr an der Entwicklung von
dotierten Kristallen als elektronische Speicher beteiligt gewesen zu sein. Ob ich noch Gelegenheit finden würde, meine
Gedanken und experimentellen Resultate zu den oben
genannten drei Forschungsarbeiten mitteilen zu können, hat in
den Sternen gestanden.

Jene fünf Jahre, die ich gerade als meine „goldenen" Jahre
bezeichnet habe, sind Jahre gewesen, in denen ich an einem
kleinen Institut eigenen Forschungsthemen nachgehen konnte,
ohne einen ständigen Veröffentlichungsdruck zu spüren, dabei
die Förderung durch den Institutschef hinter mir zu wissen und
die Leitung eines mit Mitteln der Deutschen Forschungsge-
meinschaft neu zu gründenden Labors für Kristallzucht und
Kristallforschung vor mir zu haben. Wenn ich sehe, wie der
Forschungsbetrieb für Masterstudenten und Doktoranden
heute aussieht, wie deren Zukunft aus kurzfristigen Zeitverträgen besteht, in denen Entdeckungen neuer Zusammen-
hänge in der Grundlagenphysik nur noch schwer möglich sind,
weil die Sicherung des Weiterkommens Vorrang hat, dann habe
ich noch wahrlich paradiesische Zeiten erleben können, in

denen jungen Forscherinnen und Forschern Zeit und Raum gegeben worden ist, Ideen ausbrüten zu können. Peter Higgs, dem kürzlich ein Nobelpreis in Physik verliehen worden ist, ist ein solcher Forscher gewesen, wie er kürzlich selbst mitgeteilt hat. Er hat seine Theorie zum nach ihm benannten Higgsteilchen vor über fünfzig Jahren in jenem Zeitraum, in dem ich meine goldenen Jahre hatte, ohne jeden Zeitdruck ausbrüten können, und er meint heute, dies sei die einzige nennenswerte Leistung seines Forscherlebens gewesen. Unter den aktuellen Bedingungen, bei denen es für junge Forscher um die Sicherung von Zeitverträgen geht, um die Abwehr des Veröffentlichungsdrucks und um die mühsame Überzeugung von keineswegs immer neutralen Gutachtern bei den peer-reviews von Fachzeitschriften, wäre das nicht möglich gewesen.

Ich denke, es ist kein Zufall, wenn heute beklagt wird, seit fünfzig Jahren sei die Grundlagenphysik nicht mehr vorangekommen, habe es keine die Forschergemeinschaft mehr wirklich bewegende Entdeckung gegeben, so, wie es zuletzt die Vorhersage und spätere Entdeckung jenes Elementarteilchens gewesen ist, das man als Higgsteilchen bezeichnet. Noch vor zehn Jahren hat man gehofft, die Grundlagenphysik stünde vor einer tiefgreifenden Veränderung des Weltbildes, eine ganz neue Physik stünde vor der Haustür, ist gesagt worden. Jederzeit könne es geschehen, dass wir uns mit völlig anderen als den bisher gewohnten Bildern anzufreunden hätten. Mit dem Higgsteilchen haben wir zwar eine Vorstellung, was Masse ist, doch was die Wechselwirkung zwischen Körpern mit Masse anbetrifft, was also Gravitation ist, weiß seit den revolutionären Arbeiten Einsteins vor mehr als einhundert Jahren immer noch keiner! Erst recht nicht, was die ominöse dunkle Masse oder dunkle Energie im Universum sein sollen. Selbst von einem Verständnis jener jedem Absolventen des Gymnasiums bekannten mittlerweile einige hundert Jahre alten Beobachtung zur Doppelspaltinterferenz des Lichtes sind wir noch meilenweit entfernt (Stichwort: Verschränkung weit voneinander entfernter Teilchen; dafür ist erst kürzlich ein Nobelpreis für Physik an drei Forscher vergeben worden). Ich befürchte, wenn unser Wissenschaftsbetrieb den Bologna-Beschlüssen zur Reform des europäischen Universitätswesens folgend weiterhin verschult und an den Interessen unkontrollierbar großer Konzerne zur Ausbildung stromlinienförmiger Mitarbeiter orientiert wird, wird die Zahl jener jungen Menschen, die eine Idee haben und Gelegenheit bekommen, sie in aller Ruhe ausbrüten zu können, gegen Null tendieren.

Annas Frage, ob ich jener Zeit nachtrauern würde, nachdem ich nach dem Ende an der Uni meine berufliche Zukunft am Gymnasium gefunden habe, habe ich natürlich nur mit gemischten Gefühlen beantworten können. Dieser Wechsel ist zur Sicherung der Zukunft unserer Familie notwendig gewesen, einer Familie, die vom Schicksal schon zu diesem Zeitpunkt nicht gerade wohlwollend behandelt worden ist. Anna war Lehrerin, eine gute und von Schülern wie Kollegen hoch geachtete Lehrerin. Ich hatte an ihrer Schule wegen der Not an Fachlehrern für Mathematik und Physik in jenen goldenen Jahren am Samstag einige Stunden Unterricht übernommen und dabei gemerkt, dass ich die Jugendlichen erreichen kann (damals gab es am Samstag noch regulären Unterricht an den Schulen, während der Lehrbetrieb an der Universität schon eingestellt war). Nach einigen Jahren Praxis habe ich meinen Wechsel an das Gymnasium als gut und richtig empfunden und da schon begonnen, in meiner freien Zeit eine Reihe von Fachartikeln zur Physik und zur Mathematik in der Schule zu veröffentlichen.

Im Verlauf meines Unterrichts sind mir einige Unklarheiten aufgefallen, mit denen ich mich, wenn mir dazu Zeit gegeben wird, noch beschäftigen möchte. Zu diesen Unklarheiten gehört natürlich die Gravitation, eine Wechselwirkung, zu deren Ursache bis heute noch nicht einmal eine Ahnung existiert, die aber in Gymnasium und Hochschule mit ihrer Beziehung zur Trägheit zur Grundlage einer erfolgreichen Bewegungslehre geworden ist. Dazu gehört das Phänomen einer erratischen Bewegung von Staubpartikeln in der Luft, deren Erklärung seit einer der Arbeiten Einsteins keine weitere Beachtung mehr gefunden hat. Dazu gehört das Problem mit dem absoluten Nullpunkt der Temperatur. Mich hat immer schon aufgeregt, wieso man diesen Punkt mit aktuell minus 273,16 °C angeben kann, obwohl schon seit langem einer der Hauptsätze der Thermodynamik besagt: der absolute Nullpunkt der Temperatur ist nicht erreichbar. Dazu gehört die Frage, wieso ein Stern wie unsere Sonne so lange Zeit stabil bleiben kann, was Gravitationsdruck nach innen und Strahlungsdruck nach außen bedeuten und wie sie aufeinander einwirken. Dazu gehört jene Beobachtung von Pound und Rebka, wonach Strahlung (hier γ-Strahlung) im Gravitationsfeld je nach Richtung verzögert wird (d.h. an Energie verliert) oder beschleunigt wird (d.h. an Energie gewinnt), und was das für die kosmologische Hypothese bedeutet, nach der der Weltraum sich ausdehnt. Vielleicht habe ich noch Zeit, über solche Fragen nachzudenken.

20

Sieben Jahre nach Annas Tod lebe ich in einer Zeit, in der im Alltag Konflikte aller Art unter Menschen anders ausgetragen werden, als ich das von meiner Jugendzeit her noch kenne. Bei mir herrscht der Eindruck vor, als ob ritterliche Regeln immer seltener eine Rolle spielen, als ob ein Streit immer häufiger in ungehemmte verbale oder sogar körperliche Gewalt ausartet. Seitdem es die sogenannten sozialen Medien der Internetwelt gibt, breiten sich Lügen, hinterhältige Häme und anonymes Mobbing aus. Das wäre vielleicht noch auszuhalten, wenn es gelingt, so etwas zu ignorieren. Nachrichten über die ständige Zunahme körperlicher Gewalt allerdings erschrecken mich. Natürlich ist körperliche Gewalt auch in meiner Jugendzeit vorgekommen. Sie ist nichts Neues, sie hat es immer schon gegeben. Ich erinnere mich noch, wie ich als Dreizehnjähriger gewagt habe, mich lauthals zu beschweren, als sechzehnjährige Dorfjungen uns den Ball abgenommen haben, mit dem wir Jüngere gerade gespielt haben. Schwupps, hatte ich einen Faustschlag abbekommen und der Ball war weg. Natürlich habe ich das als ungerecht empfunden, doch ich habe gewusst, ich war selber schuld – warum hatte ich mich auch beschwert! Passiert etwas Ähnliches heute, kann es geschehen, dass zwei oder drei Sechzehnjährige sich den vorlauten Dreizehnjährigen später vorknöpfen und ihn für seine Frechheit in die Mangel nehmen. Eine solche Folge habe ich nicht befürchten müssen, denn damals haben wir Jugendlichen gewusst: wer verloren hat, gibt klein bei, wird danach in Ruhe gelassen und weiß, der Konflikt ist ausgestanden, es gibt kein Nachspiel.

Als Jugendlicher habe ich natürlich auch erlebt, wie es zu einem Streit mit einem Mädchen kommen kann. Für mich wie auch für alle meine Kameraden hat jedoch gegolten: ein Mädchen auszuschimpfen, ja, das ist in Ordnung, wenn es einen Grund dafür gibt und wenn Beleidigungen vermieden werden. Doch einem Mädchen Schmerzen zuzufügen, es womöglich zu schlagen, das gehört sich ganz und gar nicht! Und welche Nachrichten flattern jetzt täglich ins Haus? Mädchen und Frauen werden von Männern Gewalt angetan bis hin zum Mord! Einem Mädchen oder einer Frau meinen Willen aufzuzwingen oder sie sogar zu schlagen, sind Verhaltensweisen, die ich mir absolut nicht vorstellen kann, die sich beliebig weit weg von allem befinden, was mir wichtig ist. Einem Mädchen, einer Frau meine Missachtung zu zeigen, weil sie mir nicht gefällt, das ist o.k., doch das hat mit der Ausübung von Gewalt nichts zu tun. Als ich die weiter vorne genannten drei Bücher mit Erzählungen und Beziehungsgeschichten verfasst habe, bin ich bei den dort geschilderten Krisen nie auf die Idee irgendeiner verbalen oder körperlichen Gewaltanwendung gekommen. Einer Gewaltanwendung, die immer noch als männliches Standardverhalten angesehen wird und deshalb in vielen Romanen, Filmen und Beziehungsdramen zur Dramaturgie gehört.

In der Praxis meiner Beziehungen zu Mädchen oder Frauen war ich immer bemüht, mich in einer Weise zu verhalten, die auf kurze Weise so beschrieben werden kann: spüre ich, dass meine Zuneigung nicht erwidert wird, dass meine Annäherung nicht gewünscht ist, dann frage ich vielleicht noch, warum das so ist oder woran das liegt, ansonsten aber ziehe ich mich zurück – irgendwelchen Gefühlen von besitzen Wollen oder gar enttäuschter Wut würde ich niemals Raum geben. Ich weiß, in früheren Zeiten hat als männliches Verhalten gegolten, um die Beachtung und Zuneigung eines Mädchens, einer Frau zu buhlen oder gar gegen Konkurrenten zu erkämpfen. Solche Gefühlsregungen sind mir natürlich nicht fremd gewesen, doch sie sind in dem Augenblick bedeutungslos geworden, in dem ich bemerkt habe, dass das Mädchen, dass die Frau eigentlich gar nicht an einer Beziehung zu mir interessiert ist. Mir ist ziemlich schnell bewusst geworden, die Zuneigung eines Mädchens, einer Frau, kann ich nicht durch irgendwelche Mätzchen oder gar durch Prügeleien mit Konkurrenten gewinnen. Die Bereitschaft zur Zuneigung ist entweder da oder sie ist nicht da. Im Gegenteil, ich habe erfahren, dass Klassemädchen und Klassefrauen sich viel weniger für die sich vor ihnen aufplusternden Männer interessieren; sie schauen eher nach jenen Stillen und Zurückhaltenden unter ihnen, die sich an der Balzerei nicht beteiligen.

Als Folge dieses vorsichtigen Verhaltens habe ich in meinem Leben zwar nur ganz wenige, dafür aber schöne und zwei sehr glückliche Beziehungen gehabt. In diesen Beziehungen bin ich nie auf den Gedanken gekommen, irgendeine Form von Überredung oder gar Gewalt zu benötigen. Meine Zuneigung, mein Begehren habe ich keineswegs verborgen, jedoch erst dann gezeigt, wenn ich bei einem Mädchen, bei einer Frau auf Offenheit getroffen bin. Das ist nicht nur im gewöhnlichen Alltag so gewesen, das ist ganz besonders dort so gewesen, wo es um das Entscheidende einer Beziehung, um die Pflege der liebevollen Nähe zum Partner gegangen ist. Habe ich meine Partnerin glücklich machen können, bin auch ich glücklich gewesen. Natürlich sehe ich an dieser Stelle meiner Erinnerungen Anna vor mir, meine Anna, die ich, so glaube ich, glücklich machen konnte, und die mir jetzt so sehr fehlt!

Schon die Anbahnung einer Beziehung kann entscheidend dafür sein, wie sich die Beziehung später entwickelt. Sie kann gut oder weniger gut laufen. Im geselligen Trubel vorher mag vieles glänzen, was sich nachher als ziemlich trüb herausstellt. Wie gut oder wie schlecht sich eine Beziehung gestalten wird, erweist sich spätestens dann, ist man mit seinem Partner allein. Weder früher noch heute kann ich verstehen, wieso zwei Menschen, die voneinander glauben, sie würden sich lieben, nicht nur in einen heftigen Streit mit Worten geraten, sondern auch handgreiflich werden können. Die Liebesbeziehung ist nicht nur im Volksmund mit vielen Sprüchen beschrieben worden. Als einen der dümmsten Sprüche habe ich jenen empfunden: „Was sich streitet, das liebt sich". Streit als Kitt einer Beziehung? Als dramatisch schlimm ist mir die Empfehlung eines früheren Philosophen vorgekommen: „Gehst du zum Weibe, vergiss die Peitsche nicht."

Im Laufe meines Lebens habe ich immer fester daran geglaubt, solche uns Männern mitgegebene antiquierte Empfehlungen hätten in meiner modernen Welt keine Anhänger mehr. Das scheint ein grandioser Irrtum zu sein! Mit meiner Welt habe ich einmal die Hoffnung verbunden, Mädchen und Frauen würden als dieselben Menschen mit denselben Rechten, Pflichten und vor allem denselben Gefühlen erkannt, die die Gesellschaft uns Männer zubilligt. Es stimmt zwar, vor dem Gesetz leben wir in einer Gesellschaft, in der Frauen dieselben Rechte wie Männern eingeräumt bekommen haben und auch dieselbe Chance haben, ihr Recht einklagen zu können, doch in der Praxis sieht das keineswegs so aus! Das ist auf der Straße zu beobachten, das ist im Arbeitsleben zu sehen und in der Rolle, die der Frau im häuslichen Leben zugeteilt wird. Vor Gericht ist es immer noch so: geht es um Probleme der Beziehung zwischen Mann und Frau und stehen dabei Aussage gegen Aussage, wird im Zweifelsfall eher dem Mann als der Frau geglaubt. Frauen sehen sich schnell als angeblich raffinierte Geschöpfe hingestellt, die gelernt haben, sich in einer männlich dominierten Welt zu behaupten. Die Tatsache, dass sie dieselben Wünsche und Gefühle wie Männer haben, im Guten wie im Schlechten, wird erst gar nicht in Erwägung gezogen.

Was mir einige Gedanken bereitet, ist die Beobachtung, was Mädchen und Frauen sich auch heute noch von Männern bzw. der von Männern dominierten Gesellschaft gefallen lassen. Naiv, wie ich nun mal bin, hatte ich mir vorgestellt, die Befreiung der Frau aus den moralischen Fesseln der sogenannten „guten alten Zeit" und die rechtliche Gleichstellung von Mann und Frau hätten dazu geführt, die Beziehung zu einem Mann mit mehr Selbstbewusstsein angehen zu können. Einem Selbstbewusstsein, wie ich es bei Anna gefunden habe. Doch immer noch glauben viele Mädchen, viele Frauen, sie müssten einen Mann an sich binden, indem sie nachgeben, indem sie freiwillig eine Rolle spielen, die Männer von ihr erwarten, die sie aber nicht als ihre Rolle empfinden. Viele Frauen glauben, Männer wollen, dass ihre Partnerin „scharf" ist, also sind sie „scharf", obwohl sie das gar nicht sein wollen, obwohl das überhaupt nicht ihren Gefühlen entspricht! So ist selbst für unsere ansonsten gern als modern und zukunftsorientiert bezeichnete Zeit immer noch typisch: die Beziehung eines Mannes zu einer halb so alten Frau wird als normal, als selbstverständlich und bewundernswert empfunden, die Beziehung einer Frau zu einem halb so alten Mann dagegen als skandalös. Wohin die Liebe fällt, wird keineswegs von jener sich ansonsten als modern und zeitgemäß empfindenden Gesellschaft anerkannt.

Um Missverständnissen vorzubeugen: Nie habe ich nach Mädchen oder Frauen gesucht, für die Selbstbewusstsein darin besteht, in ihrem Verhalten jegliche Zurückhaltung, jegliche Spiel- oder Anstandsregel in Worten und in Handlungen vermissen zu lassen. Umgekehrt habe ich auch nie nach Mädchen Ausschau gehalten, die die propagierte Überlegenheit des Mannes dadurch anerkannt haben, dass sie sich alles haben gefallen lassen und alles mitgemacht haben. Ich habe nach einem Mädchen oder einer Frau gesucht, die in einer Liebesbeziehung unter Selbstbewusstsein etwas verstanden hat, was ihre eigene Gefühlswelt angeht: wenn sie gezeigt hat, was sie sich von einer Beziehung wünscht, und wenn sie den Mut hat, selber so zu handeln, wie es ihren Wünschen entspricht.

Ein solches Mädchen, eine solche Frau zu finden, ist aber gar nicht so einfach gewesen in einer Zeit, in der zwar von Aufklärung geredet worden ist, Aufklärung jedoch darin bestanden hat, nur von den Gefahren einer Beziehung zu sprechen und nicht von deren Schönheiten. Die kurz gehaltene an ihre

Tochter gerichtete Empfehlung einer Mutter, „achte auf deine Gefühle", hört sich zwar nach Mitgefühl an, will aber durch die Blume eigentlich etwas ganz anderes sagen: nimm dich zurück, bevor du auf die schiefe Bahn gerätst. Liebesgefühle gleich schiefe Bahn? Ein Mädchen, eine junge Frau, die in einem solchen Klima aufgewachsen ist und der es an Selbstbewusstsein und Sicherheit in ihrem Gefühlsleben fehlt, wird sich in einer Beziehung eher defensiv verhalten und auf die Dauer vielleicht froh sein, überhaupt einen Mann abbekommen zu haben. Ich frage mich, wann endlich die Art von Aufklärung kommt, in der über die Schönheit von Gefühlen und über das Selbstbewusstsein gesprochen wird, solche Gefühle mit dem Einen erleben oder mit dem Anderen nicht erleben zu wollen! Dass es vor vielen Jahren auch schon anders gehen konnte, habe ich in dem oben genannten Buch „Früher" thematisiert, wenn ich dort schildere, wie es einer klugen Mutter gelungen ist, das Überschwappen des Gefühlslebens ihrer fünfzehnjährigen Tochter aufzufangen, ohne ihre Gefühle für einen jungen Mann zu zerstören. Dort sagt diese Mutter zu ihrer Tochter:

Wenn du ihn magst, genieße die Zeit mit ihm. Du bist zwar erst fünfzehn Jahre alt, doch du bist bei all deiner Jugend schon ein vernünftiges und verantwortungsvoll handelndes Mädchen; du weißt, was man tun darf und was man lassen soll. Wir Eltern vertrauen dir und wünschen dir alles Glück dieser Erde.

Und später:

Was Tobias angeht: ich glaube, du bist sicher, dass er dich nicht überfallen wird, dass er dir nichts antut, was du nicht auch selbst wünschst. Was dich angeht: Du wirst auf ihn achten. Du wirst spüren, was ihm gefällt, was er mag. Mag er, dass du ihm deine Liebe zeigst, dann zeige sie ihm. Daran ist nichts Verwerfliches, im Gegenteil, es gibt nichts Schöneres auf der Welt, als sich auf diese Weise zu verstehen. – Ich (Doris) kann selten gut schlafen und träume davon, welche Mama ich habe.

Wieviel vergebliche Hoffnung und wieviel Leid könnten Mädchen und auch Jungen erspart werden, gäbe es viel mehr solcher Mütter, viel mehr solcher Eltern. Eltern, die ihren Kindern nicht alles vermiesen, was mit erster Liebe zu tun hat, sondern ihnen Mut machen und mit ihrem Vertrauen deren Selbstbewusstsein stärken! Eine erste Liebe ist besonders dann, wenn sie glücklich sein darf, die entschieden bessere Voraussetzung für ein künftiges Glück im Leben, und ganz bestimmt besser als das „behütete" Dasein in einem Käfig aus Sorgen und Misstrauen. Oft ist sie sogar die glücklichste Zeit, die ein Mensch in seinem Leben je erfahren hat. Bei meiner ersten Jugendliebe hatte ich das Glück, bei allen Seiten auf Verständnis getroffen zu sein, bei den Eltern des jungen Mädchens und bei meinen Eltern. Und bei meiner zweiten, entscheidenden und lebenslangen Liebe, bei Anna, hatte ich das Glück, unsere erste Begegnung in der Freiheit des Studentendaseins erleben zu können, weit weg von ihrer Mutter, die mich selbst dann noch, als wir verlobt gewesen sind, als jemanden gesehen hat, der ihr die Tochter wegnimmt.

21

Die Frage, wozu Mädchen, wozu junge Frauen bereit sind, wenn sie lieben, ist eine Frage, zu der ich schon früh Antworten gesucht und teilweise gefunden habe. Neu und ungewöhnlich für mich war, diese Frage nicht nur Mädchen oder jungen Frauen, sondern auch Jungen und jungen Männern zu stellen. Wozu sind sie denn bereit? Natürlich ist mir als jetzt altem Mann bewusst, eine solche Frage gestellt zu haben, bedeutet, den immer noch vorherrschenden Zeitgeist zu missachten. Obwohl ich überzeugt bin, dass Jungen und junge Männer dieselben Gefühle haben wie Mädchen und junge Frauen, Gefühle wie Scham, Unsicherheit, Angst vor Missachtung oder Zurückweisung, gelten Jungen und junge Männer nach wie vor als Menschen, die bei Anbahnung und Gestaltung einer Beziehung nicht nur zu allem fähig zu sein haben, sondern auch jederzeit zu allem bereit zu sein. Doch schon in meiner Jugend habe ich an diesem männlich dominierten und weiblich fügsamen Rollenverhalten meine Zweifel gehabt, habe aber nicht gewagt, im Kreis meiner Kameraden über diese Zweifel zu reden. Warum? Wer das tat, galt schnell als Weichei, und in den Ruf wollte ich nicht gelangen. In der Rolle desjenigen zu glänzen, der verkündet, reihenweise Mädchen flachgelegt zu haben oder das auf jeden Fall demnächst vorzuhaben, in dieser Rolle habe ich mich allerdings auch nicht sehen wollen. Dabei ist es keineswegs so gewesen, als hätte ich kein männliches Begehren zu spüren bekommen. Meine Potenz als junger Mann habe ich jedoch erst mit Anna ausgelebt, als ich mich reif dafür gefühlt habe, als ich sicher war, sie nicht drängen oder überreden zu müssen, als ich sicher war, dass sie mich liebt und als sie mir gezeigt hat, diese Art männlichen Begehrens zu mögen, ja, zu wünschen.

Natürlich hatte ich als junger Bursche von dem, was ich jetzt über Sex weiß, noch keine Ahnung. Auch keine Ahnung von Mädchen und von der Art Gefühle, die sie haben können. Mädchen waren für mich geheimnisvolle Wesen, manche unter ihnen haben reizend ausgesehen, manche konnten ganz nett sein, andere haben sich eher schnippisch gegeben. Dass hinter einigem, was sie getan oder zugelassen haben, eine Absicht stecken könnte, habe ich zunächst gar nicht kapiert. Ganz zu schweigen von der Erfahrung, dass ihre Gefühle sich von meinen Gefühlen gar nicht unterschieden haben. Ich kann mich nicht mehr erinnern, von wem oder von welcher Seite aus mir als Junge bewusst gemacht worden ist, Mädchen seien Menschen, die man nicht anfassen darf. Mädchen seien Wesen, denen man sich nicht unbekleidet zeigen darf. Die man nicht ungeniert anschauen darf, sollten sie leicht bekleidet oder gar nackt sein. Kurz: Mädchen seien unberührbare Geschöpfe. In einer solchen Gesellschaft, geprägt von männlichem Imponiergehabe und gleichzeitiger Prüderie bin ich aufgewachsen. Nachdenklich haben mich erst einige Erfahrungen mit Mädchen werden lassen, die ich schon früh gemacht habe.

Ich war gerade vierzehn Jahre alt geworden und bin von einem gleichaltrigen Mädchen, das mich wegen eines Tennisballs, den sie mir wegnehmen wollte, in eine Balgerei verwickelt worden. Dabei hat das Mädchen meine Hand mit dem Tennisball an ihre schon deutlich entwickelten Brüste gedrückt. Ich erinnere mich noch, wie erstarrt ich war. Mir ist durch den Kopf gegangen: ich spürte etwas, was sonst als absolutes Tabu gegolten hat, ich spürte die Brüste eines Mädchens! Dieses Erlebnis hat mich ziemlich verwirrt zurückgelassen. Ist das Verhalten dieses Mädchens nur Unbekümmertheit oder schon Absicht gewesen? Später, im Alter von sechzehn Jahren habe ich Ähnliches bei zwei nur wenige Jahre jüngeren auf einem Bauernhof sehr natürlich aufgewachsenen Mädchen erlebt, die ich als entfernter Verwandter in den Sommerferien nach getaner Arbeit auf dem Feld beaufsichtigen und unterhalten sollte. In leicht bekleidetem Zustand hat es ihnen Spaß gemacht, mich immer wieder in Balgereien zu verwickeln und mir dabei Berührungen und intime Einblicke zu gewähren, die mir des Nachts einige Träume beschert haben. Auch hier: War das Unbekümmertheit oder schon Absicht? Ich war fast fünfzehn Jahre alt, als meine Eltern zum ersten Mal nach dem Krieg und der Notzeit danach Verwandtenbesuche organisiert haben; wir Kinder sollten die Kinder unserer Verwandten kennen lernen. Das Schlaflager für uns Kinder, in das eines unserer Zimmer für eine Nacht verwandelt worden ist, ist eine spannende Sache gewesen. Als eine gleichaltrige Cousine, wie alle Mädchen damals mit nichts als einem langen Nachthemd bekleidet, sich verspätet hatte und über mich hinwegsteigen musste, um zu ihrem Schlafplatz zu gelangen, hat sie aus einem Grund, den ich nicht erkennen konnte, ziemlich viel Zeit dafür benötigt. Für Sekunden hatte ich einen Anblick über mir, der mich lange verfolgt hat, weil er so unglaublich schön gewesen ist: der Blick auf den Unterleib eines fünfzehnjährigen Mädchens! Wieder die Frage: Unbekümmertheit oder Absicht?

Kurz vor meinem achtzehnten Geburtstag, ich befand mich im letzten Schuljahr vor meinem Abitur, ist mir auf dem Pausenhof meiner Schule ein Mädchen aufgefallen. Sie ist sehr hübsch anzusehen gewesen und hat sich, soweit ich das erkennen konnte, sehr natürlich verhalten. Ich habe sie angesprochen. Ich habe es erst nicht glauben können, doch sie ist noch sehr jung gewesen, erst fünfzehn Jahre alt! Von dieser Zeit meines ersten richtigen verliebt Seins habe ich weiter vorne schon berichtet. Später in der Einsamkeit meines ersten Studiensemesters habe ich oft an sie und an die vorherigen Erfahrungen mit Mädchen denken müssen. Die Zeit meiner ersten Liebe ist die Zeit gewesen, in der bei mir das Bild vom Wesen, vom Verhalten und vom Gefühlsleben eines Mädchens klarer und deutlicher geworden ist. Es war die Zeit, in der ich entdeckt habe, dass Mädchen ähnliche Träume von Liebe und von körperlicher Nähe haben wie wir jungen Männer. Das Verlangen, das mir die Küsse dieses fünfzehnjährigen Mädchens verraten hat, ist dasselbe gewesen, das ich verspürt habe! Ich habe aber auch die Verantwortung für eine Liebesbeziehung zu spüren bekommen: Dieses Mädchen hat sich mir erst dann geöffnet, als es Vertrauen zu mir haben konnte. Und als es Vertrauen zu mir gefunden hat, habe ich es angesichts unserer Jugend vor meinen und vor ihren Gefühlen bewahren müssen!

Meiner Erfahrung mit Mädchen und meiner Ansicht des Gefühlslebens von Mädchen oder jungen Frauen haben noch zwei Erlebnisse gefehlt, um so gefestigt zu sein, dass ich wusste, wie ich Anna begegnen wollte. Eine Erfahrung betrifft jenes weiter oben geschilderte Wochenendabenteuer, bei dem ich ein sympathisches Mädchen erlebt habe, das innerhalb kürzester Zeit bereit gewesen ist, sich in eine wilde Küsserei mit mir einzulassen. Das später sogar bereit gewesen ist, mich an einem anderen Studienort in meiner sturmfreien Bude zu besuchen. Weshalb dieser Besuch in einem Fiasko geendet hat, habe ich schon beschrieben. Die zweite Erfahrung betrifft eine junge Frau, die wie ich an einer in den Semesterferien angebotenen zehntägigen Exkursion des DAAD (Deutscher Akademischer Austauschdienst) nach Barcelona und Mallorca teilgenommen hat, und mit der zusammen ich einige Spaziergänge an der damals noch völlig unverbauten mallorquinischen Ostküste unternommen habe. In einer der wunderschönen

Calas, es war die Cala Santanyi, haben wir an einem warmen Tag ein Bad genommen. Als ich in der Sonne gelegen habe, hat sie sich neben mir niedergelassen, was mir zunächst gefallen hat. Als ich allerdings gespürt habe, wie sie sich mit ihrem Unterleib auf meine Hand gelegt hat, als sie versucht hat, mich zu küssen und ich statt ihrer Zunge ein Loch vorgefunden habe, bin ich derart überrascht gewesen, dass ich ins Wasser geflohen bin! Nein, habe ich mir gesagt, an einem solchen Abenteuer, an einer solchen Erfahrung bist du nicht interessiert.

Im Alter von einundzwanzig Jahren und mit dem gerade geschilderten Erfahrungsschatz im Hinterkopf bin ich Anna begegnet. Als ich entdeckt habe, welch ein besonderer Mensch sie ist und welche liebenswerten Eigenschaften sie hat, hat es mich gepackt: ich habe mich in sie verliebt. Sie ist fast ein Jahr älter als ich. Nach anfänglichem Zögern habe ich mich entschieden, sie nicht nach ihrer Vergangenheit auszufragen; sie hat sich ebenso nicht nach meiner Vergangenheit erkundigt. Ich glaube, beide haben wir die ersten Monate unseres Beisammenseins als Abenteuer betrachtet, als Abenteuer ohne jede Verpflichtung für die Zukunft. Ich hatte endlich eine junge Frau gefunden, die ähnlich lieb, natürlich und zu einer Beziehung zu mir bereit war wie jene junge Freundin aus meinem letzten Schuljahr. Im Unterschied zu den drei Jahren zuvor habe ich Anna jedoch in den ersten Wochen nach unserem Kennenlernen ohne Bedenken begegnen können, ohne das Gefühl, für sie verantwortlich sein zu müssen.

Dieses Gefühl ist erst später entstanden, als ich entdeckt habe, welche Bedeutung die Beziehung zu mir für sie hat, wozu sie bereit gewesen ist, was sie nicht nur zugelassen, sondern auch selbst gewünscht und mit mir angestellt hat; als ich entdeckt habe, sie könnte der Partner für ein künftiges Zusammenleben sein; als ich zum ersten Mal zu ihr gesagt habe: ich liebe dich. Anna hat bei allem, was ich mit ihr erlebt habe, niemals den Eindruck erweckt, als gäbe es hinter ihrem Verhalten etwas anderes als Vertrauen und Mitgefühl. Niemals hat sie sich in Liebesdingen wie auch sonst im Alltag einer vulgären Sprache bedient. Nie hat sie sich spöttisch oder abwertend geäußert, wenn ich mich unsicher gefühlt oder geglaubt habe, mich daneben benommen zu haben. Nie ist sie auf die Idee gekommen, mir jene Spielregel entgegenzuhalten, mit der Mädchen und junge Frauen damals geimpft worden sind: kein Sex vor der Hochzeit. Im Gegenteil, ich war immer wieder überrascht, wie selbstverständlich für sie gewesen ist, das zu leben, was sie unter einer Liebesbeziehung verstanden hat. Und das ist mehr gewesen, als ich mir jemals habe erträumen können! Wenn der Begriff der idealen Frau irgendetwas zu besagen hat: für mich ist Anna ganz bestimmt eine solche Frau gewesen.

Welche Rolle andere Männer gespielt haben? Erst nach ihrem Tod habe ich erfahren, durch welches Gefühlsgebirge sie sich in ihren ersten drei Studienjahren hindurchgekämpft hatte, bevor wir uns getroffen haben. Schon in der Anfangszeit unserer Beziehung hat sie mich aber nie spüren lassen, ob noch Gefühlsreste aus jener Zeit vorhanden waren. Nie hat sie sich zu irgendwelchen Vergleichen hinreißen lassen. Obwohl sie attraktiv war und es manche Gelegenheit dafür gegeben hat, hat sie auch später nie das Flirten mit anderen Männern angefangen. Nach außen ist sie stets die vornehme und zurückhaltende Frau gewesen, der niemand anzusehen vermochte, wozu sie fähig, wozu sie bereit ist, wenn sie liebt.

22

„Ich bin dein und du bist mein". Wer erinnert sich nicht an diese Worte, mit denen Kinder eine erste Freundschaft beschwören. Worte, die für manche Paare ein ganzes Leben lang gelten. Und bei anderen Paaren? Glaubt man Berichten in den Tageszeitungen, studiert man Berichte zur Gewalt in Beziehungen, liest man gewöhnliche Romane, geht man ins Theater, sieht man Film- und Fernsehproduktionen: fast immer geht es um Beziehungen, die sich anders entwickeln, als sich die handelnden Personen einmal gewünscht haben. Für manchen scheinen nicht nur die Welt, sondern auch persönliche Beziehungen aus den Fugen zu geraten. Liest man geschichtliche Romane, erfährt man, dass es immer schon so gewesen ist, als seien solche Beziehungen so etwas wie normalerweise zu erwartende Entwicklungen. Für viele sieht die Liebesbeziehung daher wie eine ziemlich instabile Art von Beziehung aus, von der man sich besser keine allzu idealistischen Vorstellungen machen sollte. Ein junger Mensch, der noch an das Gute glaubt, sollte wissen, dass vieles von dem, was ihm in Erzählungen, Büchern und den Medien geboten wird, der Vorliebe der Menschen für das Dramatische geschuldet ist, nicht zuletzt dem damit verbundenen Verkaufserfolg. „Hund beißt Mann ist keine Nachricht; Mann beißt Hund, das interessiert", so hat es in meiner Jugend geheißen. In der modernen Informationsgesellschaft hat sich daran nichts geändert. „Mann liebt Frau, das ist kein Thema, das jemanden hinter dem Ofen hervorlockt; Mann schlägt Frau, das ist etwas, was sich verkaufen lässt".

Probleme und Gewalt in einer Beziehung hat es in der Menschheitsgeschichte immer schon gegeben; das ist nichts Neues. Auch das, was heute als das „Toxische" in einer Beziehung genüsslich ausgebreitet wird, ist keineswegs neu. Neu ist etwas, was in den letzten fünfzig Jahren anders geworden ist. „Alles bleibt anders" hat jemand mal passend zu dieser Entwicklung gesagt. Was sich verändert hat, hat allerdings nicht nur viele Beziehungen vergiftet, das hat auch in allen anderen Lebensbereichen Auswirkungen, deren Folgen noch gar nicht abzusehen sind. Schandtaten, die früher als selten empfunden worden sind und idealisierte Bilder einer heilen Umwelt weiter existieren ließen, erscheinen heute als Alltagskost auf allen Info-Kanälen. Als ich in meiner Jugend in einem Dorf und später in einer Kleinstadt aufgewachsen bin, ist so etwas wie der Übergriff eines jungen Burschen bei einer Dorfkirmes zwar vorgekommen, doch es ist als seltenes Ereignis zur Kenntnis genommen, es ist als Ausnahme empfunden worden. Selbst die Erinnerung, dass so etwas drei Jahre zuvor auch im Nachbardorf geschehen ist, hat nicht gereicht, den Glauben an das Gute im Menschen und an die Möglichkeit einer liebevollen Beziehung zu verlieren. Wer heute aufwächst, wird täglich von Nachrichten aus aller Welt überflutet und erfährt von zahlreichen Übergriffen und Gewaltexzessen der übelsten Art. Kein Wunder, wenn der Glaube an die Möglichkeit einer liebevollen Beziehung darunter zu leiden hat und für immer mehr Menschen zu einem Traum wird. Ist das einer der Gründe für die immer häufiger berichtete Zunahme der Anzahl einsamer Menschen, vor allem einsamer junger Menschen? Einsamkeit aus Angst vor einer Beziehung? Aus Angst vor dem Misslingen einer Beziehung?

Als Anna und ich uns ineinander verliebten, gab es noch Reste der sogenannten heilen Welt, in der von recht vielen noch an die Möglichkeit einer liebevollen Beziehung geglaubt worden ist. Es ist jedoch nicht so gewesen, dass wir nicht gewusst haben, welche Probleme in Beziehungen entstehen können. So naiv bin selbst ich nicht gewesen, obwohl ich meine Sozialisation in einer sogenannten guten Familie erlebt habe, in der es keine Beziehungsprobleme gegeben hat, jedenfalls keine solchen, die offen ausgetragen worden sind. Das ist in Annas Familie anders gewesen. Sie hatte durchaus andere Erlebnisse und Erfahrungen zu diesem Thema beizutragen. Es ist ihr aber gelungen, die Beziehung zu mir sowohl aus den Ereignissen in ihrer Familie wie auch aus dem über die Medien zunehmend ins Alltagsleben eindringenden desillusionierenden Geschehen in unserer Umwelt herauszuhalten. Hinzu kommt, dass die Ereignisse in unserer heranwachsenden Familie, die Schicksalsschläge, die uns ereilt haben, uns so getroffen haben, dass vieles von dem, was in den letzten Jahrzehnten rund um uns herum geschehen ist, immer wieder ausgeblendet werden musste. Für Anna sind drei Wirklichkeiten wesentlich gewesen: meine Liebe zu ihr und die Sicherheit, mich immer und unter allen Umständen an ihrer Seite zu wissen; unsere gemeinsamen Ansichten von jenen Dingen des Lebens, die wir als wichtig, wesentlich und unverzichtbar halten; und die Auswahl dessen, was sie ernst nehmen möchte, was sie im Innersten berühren durfte. Die letzte dieser Wirklichkeiten, die Auswahl, hatte sie schon früher vorgenommen, sie war vorhanden, bevor wir uns begegnet sind. Erst viele Jahre später habe ich erfahren, wann und wie dieser Schutzmantel entstanden ist, mit dem sie ihre empfindsame Seele umhüllt hat. In jenem Tagebuch, von dem weiter vorne schon die Rede war, habe ich dazu eine Eintragung gefunden, die auf das Entstehen dieses Schutzmantels hinweist. Diese Eintragung sei hier wörtlich zitiert:

Was bedeute ich denn meinen Eltern, Geschwistern, Bekannten? Viele nennen mich Sonnenschein, dabei bin ich oft so traurig. Aber es tröstet mich, dass die anderen es nicht merken, dass ich sie nicht mit meinen Sorgen belaste. Kümmere ich mich denn um ihre Sorgen? Wenn ich ehrlich bin, nein! Ich höre sie mir noch allenfalls an, nach kurzer Zeit sind sie wieder ver-

gessen. Was weiß ich, was meine Mutter, meinen Vater, was meine Brüder oder jemanden anderen wirklich bedrückt! Ich sollte viel mehr für sie da sein und nicht nur immer an mich denken. Doch wie schwer ist das. Um jemandem zu helfen, muss man wenigstens seine Sorgen und Nöte verstehen. Bei meiner Mutter zum Beispiel kann ich mir noch so große Mühe geben, es gelingt mir einfach nicht. Sie hat davon geträumt, eine bedeutende Frau zu sein, und nun ist nicht nur ihr Traum, auch sie selbst ist zerbrochen. Hätte sie denn wirklich die Fähigkeit besessen, diese Frau zu sein? Ich möchte ihre Verdienste nicht schmälern, aber ihr hat dazu die geistige Aufgeschlossenheit und Toleranz gefehlt. Sie beurteilt alles nur nach ihrem eigenen engen Gesichtskreis. Ihre Unterhaltung besteht oft nur aus Phrasen. Vielleicht bin ich zu hart, aber das Talent, auf andere Menschen einzugehen, besitzt sie nicht. Man kann das alles in wenigen Worten gar nicht sagen. Vielleicht ist sie erst im Laufe der Jahre so geworden. Ein Leben an der Seite meines Vaters ist bestimmt nicht einfach. Ich möchte lieber ledig bleiben als einen Mann wie meinen Vater zu heiraten. Doch wer kennt schon den anderen Menschen. Ein Leben an meiner Seite ist bestimmt auch kein reines Vergnügen.

Anna hat diese Eintragungen anderthalb Jahre früher in ihr Tagebuch geschrieben, bevor wir uns begegnet sind. Sie war da einundzwanzig Jahre alt. Obwohl sie sehr an ihrer Familie gehangen hat, hat sie dort schon viel Unverständnis und viele Auseinandersetzungen erleben müssen, von denen ich in den ersten Jahren unserer Beziehung nichts gewusst habe. Sie hat in dieser Zeit aber gelernt, zwei Eigenschaften ihrer Seele voneinander zu trennen: Mitgefühl und Sorge um ihre Angehörigen, auch um jene, die ihr nicht wohlgesonnen gewesen sind, in der einen Hälfte, und innerer Abstand dort, wo und wie sie selbst einmal leben will, in der anderen Hälfte ihrer Seele. Vielleicht ist diese Fähigkeit, in ihrem Herzen ihr eigenes Leben von allem anderen Leben trennen zu können, hilfreich gewesen, hat sie die späteren Unglücke und Schicksalsschläge in ihrem Leben so ertragen lassen, wie ich das dann erfahren habe.

Anna hat eine weitere Eigenschaft gehabt, um die ich sie so sehr beneidet habe. Eine Eigenschaft, die ihr das Leben, das Überleben in unserer schwierigen Welt erleichtert hat. Sie konnte im Jetzt leben. Ihre Gefühle sind von der Gegenwart bestimmt worden. Sie konnte Vergangenes und Zukünftiges ausblenden, sie konnte Sorgen um das, was gewesen ist und um das, was noch kommen wird, von dem Jetzt, in dem sie gerade gelebt hat, fernhalten. Nicht, dass sie Sorgen einfach nur verdrängt hat. Nie hat sie die Übernahme von Verantwortung verweigert. Nur war das nicht ihr Leben! Ihr Lächeln an den allermeisten Tagen unserer Beziehung hat mir gezeigt, sie konnte glücklich sein, und es bedurfte nur wenig, dieses Lächeln hervorzurufen. Meine Aufgabe als ihr Partner habe ich darin gesehen, dafür zu sorgen, dass dieses Lächeln, dieses innere Strahlen nie ein Ende findet.

Ich kann schon traurig werden, bei anderen zur Kenntnis nehmen zu müssen, wegen welcher Lappalien eine anfangs gute und hoffnungsfrohe Beziehung zerbrechen kann, um danach in der nächstfolgenden Beziehung feststellen zu müssen, nichts daraus gelernt zu haben. Als Anna noch lebte, hat mich die Frage, wie ich handeln würde, wenn sie in unserer Ehe ein Abenteuer mit einem anderen Mann gehabt hätte, selten und nur ganz am Rand beschäftigt; das ist weiter vorne schon einmal angedeutet worden. Jetzt, wo Anna nicht mehr lebt, bin ich sicher, ich hätte ihr verzeihen können, wenn sie bei mir geblieben wäre. Zwar wäre ein solches Geschehen an unserer wunderbaren Beziehung bestimmt nicht spurlos vorübergegangen. Das Nachher unserer Beziehung hätte sicher anders ausgesehen als das Vorher. Es wäre mir aber immer noch besser erschienen als gar keine Beziehung zu ihr zu haben. Diese Haltung ist einer der Hintergründe, vor denen meine beiden Bücher „Saat des Zweifels" und „Sein und Schein" angesiedelt sind. Dort geht es keineswegs um Lappalien. Dort geht es um Ehebrüche, die in einem der Bücher aus einer verqueren Situation heraus entstanden, im anderen Buch aus einem bestimmten Grund verabredet worden sind. Ein kundiger Therapeut würde zu diesen in den beiden Büchern beschriebenen Geschichten vielleicht anmerken: mit diesen Erzählungen hat der Autor eine längst vergangene Befürchtung seines Beziehungslebens bewältigt. Es könnte sein, dass er damit richtig liegt ...

23

In jenen meiner Bücher, in denen es um romanhafte Erzählungen von Beziehungen geht, schreibe ich über freie und selbstbewusste Mädchen und Frauen. Denn es sind solche Partnerinnen, die mich beeindrucken, die mich anziehen, mit denen ich mir eine Beziehung vorstellen kann. Unter frei und selbstbewusst verstehe ich nicht leichtlebig oder gar hemmungslos. Solche Mädchen, solche Frauen haben mich nicht interessiert, mit ihnen habe ich keine Beziehung gewünscht. Mit frei meine ich das befreit Sein von allen jenen Einflüssen, die ehrliche und natürliche Gefühle behindern. Das können äußere Einflüsse sein wie die Spielregeln der Gesellschaft, in der wir leben; oder innere Einflüsse wie die Schranken, die wir uns selbst setzen; oder die Angst davor, Verantwortung übernehmen zu müssen. Mit selbstbewusst meine ich vor allem jene Ehrlichkeit und jenen Mut, vor dem Partner nicht zu verbergen, welche Gefühle man wirklich hat. Hat man Angst, seine Gefühle zu zeigen, fehlt der Beziehung etwas ganz Wichtiges, das Vertrauen, das man (noch) nicht hat.

Das selbstbewusste Mädchen, die selbstbewusste Frau wird sich nicht dafür hergeben, alles mit sich machen zu lassen. Sie wird das, was in einer Beziehung geschieht, mitgestalten, und sie wird das tun, was sie selbst wünscht – vorausgesetzt, sie trifft auf einen Partner, der diese Freiheit nicht einschränken will. Zu diesem in Partnerschaften gar nicht so selten auftretenden Problem, der Mann will bestimmen, wie der Sex in einer Beziehung auszusehen hat, kann ich nur eines sagen: Wie dumm kann ein Mann nur sein, der die fantastischen Fähigkeiten und Handlungsweisen eines Mädchens, einer Frau speziell in sexuellen Dingen glaubt einschränken zu müssen und damit beide dazu verurteilt, auf etwas zu verzichten, was das Schönste und das Wichtigste in einer Beziehung ist – und das nur, weil er meint, als Mann in jeder Hinsicht das Sagen behalten zu müssen.

Ich gebe zu, mit jenem geringen Erfahrungsschatz, über den ich verfüge, nicht gerade mit sonderlicher Ahnung glänzen zu können. In meinem Leben habe ich mit nur wenigen Mädchen oder Frauen Erfahrungen sammeln können. Doch das, was ich mit ihnen erlebt habe, hat meine Maßstäbe, die ich an eine Beziehung gelegt habe, nicht nur stabilisiert, sie hat ihnen auch in einer Weise entsprochen, die selbst von jugendbedingten Unsicherheiten nicht beeinflusst worden sind. Meine lebenslange Beziehung zu Anna ist in dieser Hinsicht perfekt gewesen. Sie hat mir gezeigt, welche Bedeutung die Liebe einer freien und selbstbewussten Frau für mich hat. In all den sechsundfünfzig Jahren, in denen wir eine Beziehung gelebt haben, habe ich nie das Bedürfnis verspürt, neben ihr eine andere Frau kennen zu lernen, obwohl es dafür manche Gelegenheit gegeben hat. Nach ihrem Tod vor sieben Jahren habe ich mir nicht vorstellen können, noch jemals eine Beziehung zu einer Frau aufnehmen zu können. Nach einigen Jahren habe ich zwar hier und da gedacht, die Beziehung zu einer ähnlichen Frau wie Anna könnte meinen letzten Lebensjahren noch ein wenig Helligkeit verleihen. Doch das habe ich schnell aufgegeben – einen Menschen wie Anna gibt es nicht noch einmal. Als ich bei einem engen Freund, der mit dem Krebstod seiner Frau ein ähnliches Schicksal wie ich hatte, erlebt habe, welche Komplikationen bei einer zunächst harmlos und glücklich erscheinenden späten Beziehung auftreten können, ist es bei mir mit der Vorstellung einer Altersbeziehung ohnehin vorbei gewesen. Ich habe mich aufs Bücherschreiben verlegt, eine Beschäftigung, die mich nicht nur intellektuell, sondern auch emotional befriedigt; indem ich nicht nur über mathematische oder physikalische Sachverhalte schreibe, sondern auch über Beziehungen zwischen Menschen, bei denen die wesentlichen Dinge des Lebens wie Gefühle und Nähe eine bedeutende Rolle spielen.

Bis kurz vor Annas Tod, bis vor Anbruch ihrer letzten Lebenstage, sind solche Gefühle und auch der Sex für mich etwas gewesen, was einfach da war, was existiert hat, weil es immer schon da war, weil es, seitdem ich Anna kenne, meine Gefühlswelt beherrscht hat. Das ist mir erst bewusst geworden, als sie nicht mehr bei mir war, als ich allein sein musste und nur noch meine Erinnerungen an sie hatte. Wenn ich weiter vorne von einer ungeheuren Leere gesprochen habe, die mich nach ihrem Tod umgeben hat, dann betrifft das nicht nur ihre Gegenwart und ihre Antworten auf meine Fragen, nicht nur ihr

Lächeln, mit dem sie mir begegnet ist, nicht nur ihre Emp-
fehlungen, was ich besorgen sollte, nicht nur ihr dankbarer
Blick, wenn ich ihr einen Gefallen tun konnte, nicht nur ihre
spitze Zunge und ihren Humor, wenn ich einmal wieder zu viel
Unsinn geredet habe. Was mir ganz besonders fehlt, sind ihre
Umarmung, ihr Kuss, ihre Freude an unserer Nähe, ihre
Bereitschaft zur Intimität, ihre Freude am Sex. Nachdem sie
gleich nach unserem ersten Kuss am Abend, als wir unser
Zwischenexamen gefeiert haben, ihre Scheu ablegen konnte,
nachdem sie Vertrauen zu mir gefunden hatte, nachdem wir
die Unsicherheiten unserer Jugend überwunden hatten, haben
wir nur noch Freude an der Nähe und an unseren Körpern
erlebt, sechsundfünfzig Jahre lang. Nie habe ich erlebt, dass sie
sich verweigert oder mit ihrer Gunst gespielt hat. Nie haben wir
ohne Not getrennt geschlafen, nachdem wir verheiratet waren.
Natürlich habe ich mich in jenen Zeiten, in denen wir
Schicksalsschläge hinzunehmen und zu bewältigen hatten, mit
irgendwelchen Wünschen zurückgehalten. Im Gegenteil, ich
habe immer wieder erlebt, wie sehr sie nach einem Unglück die
Wiederaufnahme unserer intimen Beziehung gebraucht hat.

Wenn ich jetzt von meiner Beziehung zu Anna erzähle, kann ich
nur von unserem Glück berichten. Was geschehen wäre, hätte
sie sich nach einem Schicksalsschlag irgendwann nicht mehr zu
einer Wiederaufnahme unserer Liebesbeziehung entschieden,
weiß ich nicht. Noch weniger weiß ich, was ich getan hätte,
hätte sie ihren Lebenszweck fortan darin gesehen, unser Schick-

sal zu beklagen. Ein Klageweib zuhause, das habe ich mir bei Anna einfach nicht vorstellen können, ich glaube, das hätte ich auch nicht lange ausgehalten. Dieser Kelch ist Gott sei Dank an uns vorübergegangen. Deshalb bin ich bei meinem schriftstellerischen Streifzug durch das Thema „Was wäre, wenn ..." mit jenen drei Büchern, von denen ich weiter vorne berichtet habe, auch nicht auf die Idee gekommen, darüber eine Beziehungsgeschichte zu schreiben.

Weiter vorne im vorliegenden Buch habe ich mehrfach betont, aus welch gutem Holz Anna geschnitzt gewesen ist. Schon weit vor ihrem Tod habe ich mich gefragt, woher ihre Fähigkeit gekommen ist, ein Leben, das sie sich bestimmt ganz anders vorgestellt hatte, mit so viel Liebe und Zuwendung zu gestalten, und woher ihr Lebensmut gekommen ist, den sie mir nach jedem Tiefschlag des Schicksals erneut hat zeigen können. Nachdem ich ihre Eltern und ihre Brüder kennen gelernt hatte, war mir klar, die Wurzeln dieser Fähigkeit sind dort bestimmt nicht zu finden. Im Gegenteil, Anna hätte aus ihrer Familiengeschichte ein gehöriges Maß an Enttäuschung, Verbitterung und Misstrauen mitbringen können. Das hätte ich, nachdem wir uns begegnet sind, bald bemerkt und hätte zur Folge gehabt, den Traum einer gemeinsamen Zukunft erst gar nicht entstehen zu lassen. Wie ich später aus Erzählungen erfahren habe, hat sie nicht nur ihre äußere Erscheinung, auch ihr Seelen- und Gefühlsleben von ihrer Großmutter mütterlicherseits mitbekommen. Es war ja auch offensichtlich, wie wenig sie in ihrem Aussehen und in ihrem Verhalten ihren Eltern und ihren Brüdern geglichen hat.

Als ich sie damals bei der Anmeldung zu den Vordiplomprüfungen in der Warteschlange vor dem Dekanat angesprochen habe, habe ich von all dem nichts gewusst, auch nichts von den psychischen Folgen jener Achterbahnfahrten ihres Gefühlslebens, die sie in den ersten drei Jahren ihres Studiums hinter sich hatte. Sie ist mir wie ein reines und unbeschriebenes Blatt erschienen. Weibliche Raffinesse? Keineswegs. Ich habe mich auch deshalb in sie verliebt, weil sie unglaublich ehrlich in allem gewesen ist, was sie getan hat. Ich habe darauf verzichtet, sie nach ihrer Vergangenheit auszufragen. Später hat sie von sich aus über Ereignisse berichtet, die für sie wichtig gewesen sind. Auf die Frage, woher ihre Fähigkeit gekommen ist, so zu sein, wie ich sie von Anfang an erlebt habe, habe ich erst viel später eine Antwort gefunden. Ich habe sie weiter vorne schon beschrieben: sie hat früh gelernt, einen inneren Abstand zum Schlechten und Traurigen in der Welt zu entwickeln. Sie konnte im Jetzt leben. Um diese Fähigkeit habe ich sie immer beneidet, denn mir ist das nie so gut gelungen wie ihr. Diese Fähigkeit habe ich in unserer älteren Tochter in den letzten Jahren wiederentdeckt. Sie ist von der Statur und vom Aussehen her mehr nach mir, ihrem Vater geraten. Doch ihr Seelenleben, ihren Gleichmut, ihren Optimismus, das alles hat sie bestimmt von ihrer Mutter.

Es gibt einen dritten Hinweis zur Frage, wie Anna mit den Schwierigkeiten des Lebens umgegangen ist: den plötzlichen Abbruch der Führung eines Tagebuchs. Zu einer ihrer letzten Eintragungen zählt die Folgende:

... trotz der schlimmsten Befürchtungen habe ich die Prüfung gut bestanden — ich weiß selbst nicht, wie! Nun bin ich Mittelschullehrerin a.P. und fühle mich hundeelend dabei. Eigentlich ist es ja nicht richtig, dass ich fast immer in traurigen Stunden in mein Tagebuch schreibe, aber gerade dann bin ich am meisten dazu aufgelegt. Ich hätte doch allen Grund glücklich zu sein: einen Bräutigam, den ich über alles liebe und ein gut bestandenes Examen — also eine soweit gesicherte Zukunft. Aber das alles kann mich im Augenblick nicht glücklich machen.

Der Grund für diese Eintragung war die Zuweisung ihres Arbeitgebers an einen ersten Arbeitsort, der optimal weit, nämlich dreihundert Kilometer von mir, von unserem Studienort entfernt gewesen ist, auf eine Dauer von mindestens zwei Jahren. Ihr Tagebuch ist — wie sie geschrieben hat — dazu da gewesen, ihre Kümmernisse und Sorgen aufzunehmen. Und ihre Eintragungen enden zu diesem Zeitpunkt! Es ist erstaunlich, denn keiner der nachfolgenden Schicksalsschläge ist Anlass gewesen, erneute Eintragungen vorzunehmen! Daraus kann ich nur den Schluss ziehen, dass sie von dem Zeitpunkt an, an dem wir uns unsere Liebe erklärt hatten, spätestens dann, als wir zusammenleben konnten, so glücklich gewesen ist, dass ein

Tagebuch als Kummerbuch und Tröster nicht mehr notwendig gewesen ist.

24

Endlich dieses Ziel erreicht und mit mir einen Partner für ihr Leben gefunden zu haben, ich glaube, das ist ihr größtes Glück gewesen. Das hat sie alle Schicksalsschläge überwinden lassen, die noch auf uns gewartet haben. Das hat sie eine Geliebte für mich sein lassen, wie ich sie mir nicht idealer hätte vorstellen können. Nachdem sie jahrelang nach dem Glück gesucht hat, hat sie mir in überwältigender Weise gezeigt, dass sie es mit mir gefunden hat. Doch was manch anderer in seiner Beziehung mit einer ähnlichen Vorgeschichte erleben muss, ist mir nie geschehen: sie hat nie den Eindruck entstehen lassen, sich an mich zu klammern. Dazu war sie zu selbstbewusst, zu souverän. In den ersten Jahren unserer Beziehung hat sie – verursacht durch das Gefühlsdurcheinander in den drei Studienjahren vor unserem Kennenlernen und die durch ihren Arbeitgeber verursachte mehrjährige Trennungszeit – dennoch eine unbestimmte Angst gehabt, sie könnte mich verlieren, ich könnte mich von ihr abwenden. Davon zeugt ein an mich adressierter, jedoch nicht abgesandter Brief, den ich in ihrem Tagebuch gefunden habe, und den sie in jenen Jahren, in denen wir voneinander getrennt leben mussten, verfasst hat:

Mein geliebter RiRi!   *Warum nur lässt Du nichts von Dir hören? Bald halte ich es nicht mehr aus ohne ein Lebenszeichen von Dir! Weißt Du überhaupt, wie sehr ich mich nach Dir sehne und wieviel Du mir bedeutest? Dein Schweigen macht mich ganz krank, und die Anstrengung, dies vor allen anderen zu verheimlichen, ist fast zu groß für mich. Während ich diese Zeilen an Dich schreibe, rollen heiße Tränen aus meinen Augen und ich komme mir richtig wie eine Heulsuse vor. Verzeih mir bitte! Warum rufst Du nicht mal an oder schreibst mir ein paar Zeilen? Ich möchte ja nur wissen, ob es Dir gut geht. Letzte Nacht habe ich geträumt, Du bist mit dem Auto verunglückt, es war einfach furchtbar. Wenn Du aus irgendeinem Grunde böse auf mich bist, dann sag es mir doch bitte, aber quäle mich nicht weiter mit der Ungewissheit. Vielleicht sind meine Sorgen ganz unbegründet, aber denk doch bitte daran, dass ich sie mir mache. Es wäre doch so leicht für Dich, sie mir zu verscheuchen! Oder liebst Du mich nicht mehr und sind Dir meine Sorgen einerlei? Auch das von Dir zu erfahren wäre mir lieber als gar nichts. Ich weiß zwar nicht, wie ich ohne Dich leben sollte, aber wenn es sein muss, werde ich Dir immer für die schönen Stunden, die Du mir gegeben hast, dankbar sein. Vielleicht glaubst Du, ohne mich besser leben zu können, ich kann es nicht und will es auch nicht. Ich weiß, wie zerbrechlich eine Liebe sein kann, aber versteh doch bitte meine unbändige Angst, dass sie zerbrochen ist. Mein über alles geliebter RiRi, wenn ich Dir je etwas bedeutet habe, so lass mich nicht länger auf ein Wort von*

Dir warten. Ich halte es wirklich nicht mehr aus. Es ist so schrecklich, nicht zu wissen, wo Du bist und wie es Dir geht. Ist es Gedankenlosigkeit oder Grausamkeit, dass Du nichts von Dir hören lässt? Ich liebe Dich doch so sehr! Bitte RiRi, vergiss das nicht. Ich warte auf ein Wort von Dir, mach es mir nicht so schwer!   *Deine Anna*

Mea culpa, mit Nachrichten bin ich anfangs leider nachlässig gewesen! Doch ich habe ihr nie einen Grund für diese Angst gegeben, ich habe ihr immer wieder gezeigt, wie sehr ich sie liebe. Dafür hat sie mir unglaublich viel Zuwendung, Wärme und Nähe geschenkt. Anna ist der liebenswerteste Mensch gewesen, dem ich jemals begegnet bin. Die Ängste, die in diesem Schriftstück durchscheinen, hat sie mir dann, wenn wir uns sehen konnten, nie gezeigt. Ich glaube, Anna war bei aller Souveränität der verletzlichste Mensch, den ich gekannt habe – ich glaube, das war der eigentliche Grund, weshalb ich sie so sehr geliebt habe.

Jetzt, wo sie schon seit über sieben Jahren nicht mehr bei mir sein kann, wo mich die vielen Erinnerungen an unsere glücklichen Jahre überfallen, bekomme ich immer heftiger zu spüren, was es heißt, ohne sie, ohne ihr Lachen, ohne ihre Lebensfreude, ohne all das leben zu müssen, was sie als die Wirklichkeit einer Liebesbeziehung empfunden hat. Zwei Verhaltensweisen sind typisch für das gewesen, was sie unter Liebe verstanden hat: Verständnis, Mitgefühl und Bereitschaft,

Verantwortung zu übernehmen auf der einen Seite, Vertrauen, Nähe, Intimität, leidenschaftliche Sexualität auf der anderen Seite. Weiter vorne habe ich die Frage gestellt, wozu Mädchen oder Frauen bereit sein können, wenn sie lieben. Anna hat sie mir beim Werden unserer Beziehung klar, eindeutig und unmissverständlich beantwortet: für sie gehören Nähe und Intimität dazu, für sie sind das Zeigen von Lust und Sexualität selbstverständliche Bestandteile ihrer Liebe.

Jetzt sollte ich ehrlich sein, denn das ist bei mir zu Beginn unserer Beziehung anders gewesen. Ich war erst einundzwanzig Jahre alt, hatte nichts vorzuweisen und bin in den damals vorherrschenden gesellschaftlichen Zwängen und Verhaltensregeln noch zu sehr gefangen gewesen. Ich hatte zwar eine erste Jugendliebe hinter mir und wusste, was verliebt Sein für mich bedeutet. Doch mehr als die Erfahrung, ein wenig Verantwortung für ein sehr junges Mädchen übernommen zu haben, hatte ich nicht mitzubringen. Für mich ist Sex bei einem Abenteuer zwar denkbar, bei einer Liebe jedoch noch lange kein selbstverständlicher Bestandteil meines Verhaltens gewesen. Mich zusammen mit Anna aus diesen Fesseln zu befreien, hat seine Zeit erfordert. Ich weiß nicht, ob Anna, die aus ihren ersten Studienjahren vielleicht reichhaltige Erfahrungen mit Männern mitgebracht hat, zu Anfang womöglich mehr von mir erwartet hat, mehr forsches Männerdrängen. Über diese Frage haben wir nie gesprochen. Sie hat sich aber niemals enttäuscht über mein Verhalten gezeigt, sie hat mich nur spüren lassen, wie sehr ihr meine ersten schüchternen Liebesbezeigungen gefallen haben. Das hat mich damals, als ich noch andere Männer- und Frauenrollen im Hinterkopf hatte, durchaus überrascht. Nach der Entdeckung unserer Körper hat es – lege ich jetzt die heutigen Maßstäbe an eine Liebesbeziehung unter Erwachsenen an – noch lange gedauert, bis ich mich, bis wir uns zum Geschlechtsverkehr bereit gefühlt haben! Und dann ist das sogenannte erste Mal so wunderschön und Anna ist so glücklich gewesen, dass ich mich hinterher gefragt habe, warum wir so lange gewartet haben.

Wie ich später überhaupt bedauert habe, mit ihr nicht noch viel öfter intime Stunden gesucht zu haben, Stunden, in denen wir im Jetzt gelebt haben. In meinen „Erinnerungen an Anna" habe ich geschrieben: *Gibt es etwas, das ich nach der langen Glückszeit mit Anna noch bedauern könnte? Ja, das gibt es: Im Nachhinein bedaure ich, nicht noch viel häufiger mit ihr zusammen die Freuden der körperlichen Liebe genossen zu haben. Wir haben uns in den sechsundfünfzig Jahren wahrhaftig oft geliebt. Es hat jedoch auch Zeiten gegeben, in denen wir einen Packen Sorgen haben bewältigen müssen und uns zum Trost gesagt haben, es gibt ja noch eine Zukunft. Doch wie schnell diese Zukunft vorbei sein kann, das haben wir nicht geahnt. Könnte ich noch einmal ein Jahr mit ihr, der Liebe meines Lebens, verbringen, dann würde ich sie viel, viel häufiger anschauen, streicheln und küssen. Und mich von ihr anschauen, streicheln und küssen lassen. Die Nähe eines geliebten Menschen – es gibt nichts Schöneres auf dieser Welt!* Die Nähe eines geliebten Menschen ist das, was mir nach ihrem Tod so sehr fehlt. Das Schwelgen in Erinnerungen an die wunderbaren Jahre mit ihr ist zwar ein Trost, aber ein nur sehr schwacher.

Auch die Betrachtung von Bildern kann nur einen schwachen Trost bieten. Die Ablichtung eines Gesichtes mag zwar Gefühle anregen und der Betrachter mag dieses Bild zwar gern anschauen, doch den Vergleich: Betrachtung eines Bildes und Begegnung mit dem wahrhaftigen Menschen wird das Bild verlieren, mag es noch so schön und gelungen sein. Das ist ziemlich unabhängig davon, ob die betrachtete Person mir nachher eher sympathisch oder eher unsympathisch erscheint. In beiden Fällen wird erst der lebendige Mensch mir verraten, mit wem ich es zu tun habe. Der lebendige Mensch hat nicht nur ein Aussehen, er hat auch ein Verhalten. Ich denke, es kommt ziemlich häufig vor, dass die anziehende Wirkung, die ein Bild vermittelt, wie weggeblasen sein kann, wenn die lebendige Person dahinter erscheint und etwas sagt. Bei Anna habe ich das genaue Gegenteil erlebt. Zu Anfang hat Anna zwar durchaus attraktiv ausgesehen, doch eine beeindruckende Schönheit ist sie für mich nicht gewesen. Dazu ist sie erst geworden, als ich sie lebendig erlebt habe, als sie etwas gesagt hat, als ich an ihrem Verhalten gemerkt habe, was für ein prachtvoller Mensch sich hinter diesem Bild befindet. Das Bild auf der einen und der lebendige Mensch auf der anderen Seite, das ist eine Betrachtung, um die ich mich noch ein wenig kümmern sollte.

Bilder spielen in unserer heutigen Umwelt eine sehr bedeutsame Rolle. Sie scheinen aber eine vereinsamende Wirkung zu haben. Ich sehe junge Männer, die in Bilder auf ihrem Smartphone vertieft sind, während attraktive Frauen unbeachtet an ihnen vorbeigehen – das ist Alltag draußen auf der Straße. Ich sehe junge Frauen, die mit ihrem Smartphone beschäftigt auf einer Bank sitzen und nicht bemerken, dass sie von dem einen oder anderen interessierten Mann angeschaut werden. Ich weiß noch, wie Anna und ich über diese Entwicklung gesprochen haben. Natürlich haben wir uns auch je ein Smartphone zugelegt, aber nicht, um unsere Zeit mit dem Blick darauf totzuschlagen. Für uns ist nur der Zweck wichtig gewesen, uns im Fall des Falles von jedem Ort aus und zu jeder Zeit benachrichtigen zu können. Für uns ist das Smartphone nur ein Telefon gewesen. Wir sind ja auch in einer Zeit groß geworden, in der die Bezeichnung „smart" für einen attraktiven Partner und nicht für ein Telefon reserviert war. Sind wir gemeinsam unterwegs gewesen, ist das Smartphone in der Tasche geblieben.

Völlig undenkbar ist für uns etwas gewesen, was heutzutage in manchem Film, in mancher Fernsehproduktion gezeigt wird: wie eine junge Frau mit ihrem Smartphone hantiert und die Nachrichten in ihren sozialen Kanälen studiert, während ihr

Liebhaber sich um eine Annäherung bemüht. Kann so etwas wahr sein, haben Anna und ich uns gefragt, als wir das zum ersten Mal gesehen haben! Kann einer jungen Frau der sogenannte soziale Kontakt mit irgendwem weit weg wichtiger sein als die Aufmerksamkeit und der Wunsch eines Mannes, der sich bei ihr befindet? Natürlich haben wir gewusst, dass so etwas in der Wirklichkeit wenn überhaupt nur selten vorkommen dürfte, dass solche Szenen schlicht Einfälle einer ansonsten einfallslosen Regie sind. Wir haben uns allerdings gefragt, welche Botschaft mit solchen Szenen ausgesandt werden soll. Welches Bild einer modernen Beziehung soll damit vermittelt werden? Ist das reine Sensationsmasche, oder geht es um den missglückten Versuch, das Bild der selbstbewussten Frau zu zeichnen, die bestimmt, was in einer Beziehung geschieht? Über diese Fragen sind wir bald zu einer Grundfrage vorgestoßen, der Frage nach der Beeinflussung oder sogar Steuerung unseres Bewusstseins durch solche und andere Bilder. Uns ist klar gewesen, diese Frage ist in den letzten Jahrzehnten zu einem der zentralen Probleme unserer Informationsgesellschaft geworden. Obwohl diese Frage sich als hochinteressant und als ein sehr weites Feld erwiesen hat, haben wir sie spätestens dann beiseiteschieben müssen, als Anna wegen ihrer Krebserkrankung ganz andere Sorgen hatte und um ihr Leben kämpfen musste. Jetzt, einige Jahre nach ihrem Tod, habe ich Anlass und Gelegenheit, wieder über die Frage der Wirkung von Bildern nachzudenken.

25

Denn jetzt nach Annas Tod habe ich nur noch Bilder. Bilder von ihr in Fotoalben, Bilder von ihr auf meinem Rechner, Bilder von ihr in meinen Erinnerungen. Als sie noch lebte, hatten diese Bilder keine weitere Bedeutung für mich, denn ich hatte Anna ja als leibhaftigen Menschen bei mir. Als ich etwa zwei Jahre nach ihrem Tod begonnen habe, mir jene Bilder ins Gedächtnis zurückzurufen, die wir uns alltäglich und besonders in unseren intimen Stunden geboten haben, ist mir bewusst geworden: das wird es nie wieder geben! Diese Erkenntnis hat mich zwar sehr traurig gemacht, doch ich habe sie als unabänderliche Tatsache hingenommen.

Ich kann mich noch gut daran erinnern, Anna schon zu Beginn unserer Liebesbeziehung danach gefragt zu haben, wie sie mich besonders in unseren intimen Stunden sieht, wie sie meinen Anblick empfindet. Nur zur Erinnerung: 1961, als wir uns begegnet sind, ist der Anblick verborgen gehaltener Körperteile selbst dann, wenn man verliebt war, noch keineswegs selbstverständlich gewesen, weder für denjenigen, der seinen Körper zur Schau stellt, noch für denjenigen, der diesen Körper betrachtet. Meine Empfindungen, als Anna meinen Körper zum ersten Mal gesehen hat, habe ich in den „Erinnerungen an Anna" wie folgt beschrieben: *... interessiert mich, wie sie den ersten Anblick meines Körpers erlebt hat. Doch bevor ich sie danach frage, äußere ich ein paar Bedenken. Ich sage ihr, dass* *der Körper einer Frau um vieles attraktiver und auch im eigentlichen Sinne schöner ist als der eines Mannes. Das gilt im Alltag, wenn ihre Reize unter der Kleidung verborgen bleiben, das gilt besonders in intimen Augenblicken. Bei der Frau befinden sich alle Fortpflanzungsorgane im Leibesinneren, der Anblick einer Frau vermittelt nicht zuletzt auch wegen ihres Busens fließende Formen und ist deshalb ungleich harmonischer und attraktiver als der eines Mannes. Beim Mann befinden sich fast alle Fortpflanzungsorgane außerhalb des Leibs und erscheinen als Anhängsel. Das hat in meinen Augen kein auch nur vergleichbar attraktives Aussehen zur Folge. Als sie diese Bedenken vernimmt, regt sich durchaus leiser Protest. „RiRi, ich habe in den vergangenen Tagen mehr Klarheit über meine Gefühle gewinnen können. Natürlich habe ich die Zeichnung, das Foto eines nackten Mannes schon einmal gesehen. Natürlich weiß ich, wie irgendein Mann aussieht. Der Anblick deines Körpers ist für mich jedoch etwas völlig anderes als der einer Zeichnung, eines Fotos oder einer antiken Statue ...“*

Die beiden Operationen an meiner Wirbelsäule, denen ich mich unmittelbar nach Annas Tod unterziehen musste, sind deshalb komplizierter gewesen, weil meine Wirbel wegen einer vermuteten Osteoporose recht dünnwandig sind. Nach den Operationen ist mir für meine weitere Lebensdauer Alendronsäure verschrieben und Sonneneinstrahlung wegen der Bildung von Vitamin D empfohlen worden. Daraufhin habe ich begonnen, bei Sonnenschein besonders meinen Unterkörper jeweils etwa zwanzig Minuten lang der direkten Sonnenstrahlung auszusetzen. Gelegenheit dazu habe ich in meinem Wintergarten. Anna hat mich nie so gesehen, denn das ist ja nach ihrem Tod geschehen. Ich habe mir aber vorgestellt, sie könnte mich so sehen. Und habe mir dann vorgestellt, was sie sehen würde ...

Jetzt ist mir so richtig bewusst geworden, worauf ich bis an mein Lebensende zu verzichten habe: auf das intime Beisammensein mit einem geliebten Menschen und auf solche Anblicke. Die eine oder andere geneigte Leserin, der eine oder andere interessierte Leser wird jetzt vielleicht denken: was soll das? Was will der alte Knacker mit gerade achtzig Jahren und nach einem langen und erfüllten Sexleben denn jetzt noch! Ich denke, hier sind ein paar Klarstellungen nötig. Zunächst das: was jene Leser von mir meinen, ist mir herzlich egal! Und dann: Liebe und Sex ist keine Frage des Alters, das weiß man heute. Wer von den Jüngeren meint, ab sechzig sollten ältere Leute Ruhe geben, dem gönne ich gern diese Ruhe, wenn er selber sechzig geworden ist. Bei Anna und mir ist das anders gewesen. Als Anna sich den tödlichen Krebs eingefangen hatte, war sie vierundsiebzig Jahre alt. Bis dahin und auch danach bis kurz vor ihrem Tod war keine Spur irgendeiner Sexverdrossenheit bei ihr zu finden. Nach dem Ausbruch ihrer Krebserkrankung habe ich sie gefragt, ob es ihr helfen würde, wenn wir unsere sexuellen Aktivitäten reduzieren oder vielleicht sogar einstellen. Da habe ich aber eine empörte Anna erlebt! „Wenn du das wünschst, werde ich mich dem natürlich fügen", hat sie gesagt. „Aber in jedem anderen Fall sehe ich das ganz und gar nicht ein! Unsere Nähe, unsere Liebe, unsere Zärtlichkeiten sind doch das, was uns am Leben hält, sind doch die entscheidenden Freuden, die das Leben uns bietet!" Ich bin der Letzte gewesen, der Anna diese Freuden versagt hätte. Im Gegenteil, ich bin derjenige gewesen, der ihre Nähe und ihre Liebe bis zuletzt gesucht hat und sie erleben und genießen durfte ...

Mit ihrem Tod sind auch ihre Nähe, ihre Freude an unserer Liebe, an unserer Sexualität plötzlich Vergangenheit geworden. Nicht aber die wunderschönen Erinnerungen an sie. Auf der Suche nach Romanen und Erzählungen, in denen ähnliche Schickale, in denen ähnliche Gefühle beschrieben werden, bin ich nicht so recht fündig geworden, obwohl ich begonnen habe, einige Klassiker der Literatur mit neuem Verständnis zu lesen wie Goethes ‚Leiden des jungen Werther' und ‚Faust I', aber auch russische Literatur, der ich früher lieber ausgewichen bin. Schließlich habe ich beschlossen, die Literatur, die ich nach Annas Tod gern gelesen hätte, selbst zu schreiben.

Ich gebe zu, auch auf die Suche nach Bildern gegangen zu sein, nach Bildern, die meiner Erinnerung an Anna dienen, die meine Erinnerung an sie auffrischen. Auf die naheliegende Bemerkung, es müsste bei den technischen Möglichkeiten heutzutage doch genug intime Bilder geben, kann ich so reagieren. Zweimal in unserer Beziehung habe ich intimere Fotos von ihr, hat sie Fotos von mir gemacht. Ich habe diese Fotos nach einiger Zeit aber vernichtet, weil sie mir zu verstehen gegeben hat, dass sie das eigentlich nicht mochte. Vor allem deshalb, weil sie befürchtet hat, sie könnten nach unserem Tod in falsche Hände geraten. Bei meiner Suche nach ähnlichen Bildern habe ich gemerkt, dass ich mich, ob gewollt oder nicht, schnell dort befunden habe, wo Anna und ich uns, als sie noch gelebt hat, nie getummelt haben: in Pornoportalen des Internets. Daran sind wir nie interessiert gewesen. Nicht nur wegen der öffentlichen Urteile über die Qualität von Pornos und der Zustände in der Pornoindustrie, zu denen wir etwas gelesen hatten. Wir hatten die Originale vor uns und diese Art von Anregung einfach nicht nötig!

Nach Annas Tod habe ich nur eine kurze Zeit Interesse an Pornos gehabt. Pornos sind, wie ich erwartet hatte, erschreckend. Schnell ist mir aufgefallen, dass es beträchtliche Unterschiede hinsichtlich der Qualität und besonders hinsichtlich der vermittelten Botschaft gibt. Jene Pornos, in denen Nötigung eine Rolle spielt, sind sofort aussortiert worden. Ich konnte nur jene Pornos zur Kenntnis nehmen, in denen deutlich erkennbar ist, dass die Darsteller Gefallen an dem finden, was sie tun, was sie vorführen, und in denen sie mit erkennbarer Zuneigung handeln. Solche Filmstreifen sind jedoch selten und oft von Amateurpaaren hergestellt. Die Frage ist allerdings, ob solche Bilder, solche Filmstreifen in der Lage sind, in mir ein Erinnern an Anna und die Erlebnisse mit ihr hervorrufen zu können. Verzeih mir bitte, Anna, wenn ich diese Phase meiner

Erinnerungen an dich überhaupt erwähne. Ich weiß, wenn du noch bei mir wärst, würde ich um solche Bilder einen weiten Bogen machen. Doch was soll ich machen, wenn du nicht mehr bei mir sein kannst? Wie kann ich verhindern, dass meine Erinnerungen allmählich zu verblassen drohen, Erinnerungen, wie und auf welche herrliche Weise wir zusammengelebt haben, wie du deinen Körper bewegt hast, was du unter Liebe und Sexualität verstanden hast, was alles an Wunderschönem ich mit dir erlebt habe?

26

In der kurzen Zeit meines Stöberns in den Pornoportalen des Internets bin ich wieder mit der weiter vorne schon einmal angeschnittenen Frage konfrontiert worden, wozu Mädchen und junge Frauen bereit sind und worauf sie sich einlassen. Derjenige, der den meisten der dort gezeigten Darstellungen Glauben schenkt, wird sich irgendwann wundern, welche Art von Mädchen, welche Art von Frauen hier dargestellt wird! Für denjenigen, der selbst noch keine oder nur allererste Erfahrungen mit dem anderen Geschlecht hat – und das trifft bei Jugendlichen in der Regel noch zu – muss das dort Gezeigte erschreckend wirken, auf jeden Fall aber verwirrend. Es muss illusionszerstörend sein, von Mädchen und Frauen vorgeführt zu bekommen, wie sogenannte Liebesszenen stattfinden können ohne jede Spur von Selbstachtung, von der Achtung der Würde des Anderen, von freier Entscheidung und von selbstbewusstem Wollen. Wie soll ein junger Bursche, der sich gerade für ein Mädchen interessiert und sich fragt, wie er dieses Mädchen auf sich aufmerksam machen kann, mit diesen Bildern in seinem Kopf umgehen? Wie wird sich ein Mädchen, eine junge Frau fühlen, die nur ahnen kann, ob sie sich gerade mit einem jungen Mann trifft, in dessen Kopf solche Bilder herumgeistern? Hoffentlich wissen beide, nicht für wahr oder gar normal zu halten, was dort vorgeführt wird. Etliches davon ist raffinierter Betrug oder dem Geltungsbedürfnis Beteiligter entsprungen. Im sich gerade stürmisch entwickelnden Zeitalter der Anwendung künstlicher Intelligenz werden junge Leute sich bestimmt noch mit anderen lebensecht wirkenden Tricks der Pornoindustrie konfrontiert sehen.

Als vor einigen Jahrzehnten amateurhaften Sängerinnen und Sängern in den Fernsehprogrammen eine immer bedeutendere Showbühne geboten worden ist, haben Anna und ich oft verwundert geschaut und uns gefragt, wieso ein Interpret, eine Interpretin bereit gewesen ist, sich in diesen Shows bis auf die Knochen zu blamieren. Nachgefragt, weshalb sie sich für ein solches Schauspiel zur Verfügung gestellt haben, hat es geheißen: Pfiffe des Publikums sind mir immer noch lieber als das, was ich als Bedeutungslosigkeit meines Daseins empfinde. Einmal auf einer Bühne gestanden zu haben und beachtet worden zu sein, ist für mich wichtiger als alles andere. Ich vermute, ähnlich wird es auch bei vielen Mädchen oder jungen Frauen zugehen, denen es wichtiger ist, in einem schrägen

Filmchen mitzuwirken, als weiterhin ein unbeachteter Niemand zu bleiben. In einer Informationsgesellschaft, in der beachtet zu werden zu einem der erstrebenswertesten Ziele vieler junger Menschen geworden ist, ist es kein Wunder, wenn Geschäftemacher der Pornoindustrie auf genügend viele Mädchen und Frauen treffen, die bereit sind, mitzumachen! Wie fern erscheint mir jene Zeit, als ich mich als Jugendlicher darüber amüsieren konnte, wenn von mancher bekannten Filmschauspielerin kolportiert worden ist, sie habe wieder einen Skandal inszenieren müssen, weil ein Mangel an Aufmerksamkeit zu beklagen sei. Heute scheuen sich immer weniger Schauspielerinnen und Schauspieler davor, für expressive Sexszenen zur Verfügung zu stehen!

Was bleibt dann noch, nachdem von all den zahlreichen Filmchen jene ignoriert werden, in denen es Mädchen oder Frauen in erster Linie um Beachtung geht, und die bereit sind, dafür einen hohen Preis zu zahlen, den Verlust ihrer Würde und ihrer Selbstachtung? Nachdem auch jene Streifen beiseitegelegt worden sind, in denen Mädchen und Frauen willenlos erscheinen und mit jeder von der Regie verlangten Improvisation ihrer Partner einverstanden sind? Es sind jene wenigen Filme, in denen Handelnde gezeigt werden, denen Freude an dem anzusehen ist, was sie gerade tun, ja, in denen gegenseitige Achtung und so etwas wie Zuneigung und Liebe durchscheint. Dort, so habe ich gehofft, wäre noch ein Stückchen Erinnerung an meine wunderbare Zeit mit Anna zu finden. Bis zwei Einwände die kurze Zeit meines Interesses an derartigen Sexbildern beendet haben.

Wie Anna reagiert hätte, wäre ich auf die Idee gekommen, mit ihr zusammen ein intimes Filmchen herzustellen, weiß ich. Schon bei unseren später vernichteten harmlosen Fotos habe ich gemerkt, dass ihr diese Bilder eigentlich keine Freude bereitet haben. Sie hat nur mir zuliebe und mit der Sicherheit, dass niemand sonst davon Kenntnis bekommen kann, überhaupt mitgespielt. Bei einem intimen Filmstreifen jedoch – hätte es in unseren jüngeren Jahren eine technische Möglichkeit zu dessen privater Herstellung überhaupt gegeben – hätte sie bestimmt nicht mitwirken wollen. Nur im stillen Kämmerlein war sie bereit, bei allem mitzuspielen, dort hat es für sie keine Tabus gegeben. Ihre Liebe zu mir ist immer ihr Privatleben gewesen. Jede Gefahr, ein Bild davon könnte bekannt werden, hat ihr nicht behagt.

Zur Bedeutung ihres Privatlebens ist jetzt eine Anmerkung notwendig. Nicht nur eine Leserin oder ein Leser meines Buches „Erinnerungen an Anna" wird sich fragen, wieso ich bei dieser Kenntnis der Meinung Annas zum privaten Teil unseres Liebeslebens dazu gekommen bin, von einigen Begebenheiten aus diesem Leben zu erzählen. Ich habe sie zu diesem Thema nicht mehr befragen können. Ich habe nicht mehr ergründen können, wie weitgehend ihre Bedenken sind. Ich habe nur eines tun können: Wenn ich von meinem Leben an ihrer Seite, an der

Seite dieses besonderen Menschen erzähle, gehört die wunderbare Übereinstimmung unseres Liebeslebens ebenso dazu wie alles andere, was unseren Alltag bestimmt hat. Von ihrer Liebe zu mir zu erzählen und dabei unsere herrliche Sexualität zu verschweigen, wird jenem Menschen Anna nicht gerecht, an den ich erinnern will. Anna, ich hoffe, du kannst das auch so sehen und mir zustimmen. Und solltest du bei der einen oder anderen Erinnerung Bedenken haben, wirst du mir hoffentlich verzeihen. Deine Art, mir deine Liebe zu zeigen, ist die wunderbarste Erfahrung meines Lebens gewesen!

Als Zweites ist mir die Frage eingefallen, ob unsere ersten Begegnungen so hätten stattfinden können, wie wir das erlebt haben, hätten wir damals schon Kenntnis von pornographischen Texten und Bildern gehabt. Ich habe mich gefragt, wie ich meine erste Liebe als Schüler und später dann die zu Anna in Studentenzeiten erlebt hätte, hätte ich über Mädchen und junge Frauen und ihr Verhalten das gewusst, was ich jetzt weiß, was ich später in Romanen und Filmproduktionen zu lesen und zu sehen bekommen habe, was schließlich in Pornos dargestellt wird. Du meine Güte! Ich frage mich, ob ich mich wirklich von diesen Eindrücken hätte befreien können, ob ich meine ersten Liebesbegegnungen noch so verträumt, so voller Spannung und so neugierig wie damals hätte erleben können. Ich frage mich, ob junge Menschen heute damit klarkommen, angesichts der Informationsflut zu Fragen der Sexualität und der Darstellungen auf ihrem Smartphone noch so etwas wie ein Gefühl von

schüchternem Herantasten und von Abenteuer bei der Entdeckung ihrer ersten Liebesgefühle erleben zu können! Im
Vergleich zu Annas und meiner Jugendzeit gehören offen
gezeigte Liebesgefühle und Sexualität heute nicht mehr zu
dem, was geächtet wird oder zu verschweigen ist. Nicht mehr
zu dem, wovon man nur zu träumen gewagt hat. Ich denke,
prinzipiell ist das gut so. Liebespaare haben es heute leichter
als wir damals und müssen sich neben Problemen einer
werdenden Beziehung nicht auch noch mit Widerständen ihrer
Umwelt herumschlagen. Doch das, was sich immer mehr
ausbreitet, ein Alltag mit sexualisierten Verhaltensweisen und
einem Konsum pornographischer Texte und Bilder ist auch kein
Zustand, der mir gefallen und den ich gut finden kann.

Mit dieser Aussage möchte ich aber nur ungern Wasser auf die
Mühlen jener Pessimisten schütten, für die die Anbahnung
einer zarten Liebe nicht mehr möglich erscheint. Ich bin
überzeugt, auch bei den gerade geschilderten Bedingungen der
heutigen Zeit gibt es etliche junge Menschen, die noch dieselben Träume, dieselben Gefühle bei ihrer ersten Liebe,
dieselben Hoffnungen auf eine liebevolle Partnerschaft haben,
wie sie meine kleine Freundin und ich aus Schulzeiten und
später Anna und ich ein Leben lang hatten – und wie ich sie in
meinem Buch „Früher" beschreibe.

Verblüffend ist, wenn in Pornostreifen Mädchen und Frauen
mitmachen, die man draußen auf der Straße durchaus als

attraktiv empfindet, und von denen man kaum glauben mag, dass sie bereit sind, bei solchen Filmchen mitzuwirken und ihre privaten Neigungen der Öffentlichkeit in dieser Weise zugänglich zu machen. Diese Beobachtung macht mir die Antwort auf jene Frage deutlich schwerer, wozu Mädchen und Frauen bereit sind. Könnte es sein, dass diese Frauen aus einer Art missionarischem Drang heraus handeln, dass sie uns Männern mitteilen wollen, wir sind gar nicht so anders als ihr? Auch wir haben Gefühle und Lust auf Abenteuer wie ihr. Wir können euch zeigen, dass wir uns viel besser verstehen, wenn ihr bereit seid, von eurem selbstgebastelten Podest herabzusteigen und unsere Wünsche und unsere Gefühle nicht zur Kenntnis zu nehmen, sondern auch zu beachten. Ich kann mir vorstellen, dass manche dieser Mädchen, dieser Frauen von einem derartigen Sendungsbewusstsein bewegt sind. Vielleicht glauben sie, diese Art von Öffentlichkeit sei hilfreich, das vielfach von Misstrauen, Machtausübung und Gewalt geprägte Verhältnis von Männern zu Frauen zu verändern.

Zu meiner viel früher schon entstandenen und jetzt wieder erneut gestellten Frage, wozu Mädchen und Frauen bereit sind und wobei sie mitspielen, habe ich im Lauf meines Lebens zwar erstaunlich viel erfahren können, doch eine andere Antwort als die, die Anna mir gegeben hat, habe ich nicht gefunden! Nach wie vor stehe ich vor einem Wunder: das Gefühlsleben von Mädchen und Frauen ist gar nicht so viel anders als das von uns Männern. Natürlich, Frauen können Kinder gebären, Männer können das nicht. Das ist eine Wirklichkeit, die nur Frauen zugänglich ist, die uns Männern für immer verwehrt ist und deshalb vielleicht zu manchem Minderwertigkeitsgefühl bei uns beiträgt und als Folge davon Anlass zur Demonstration körperlicher Machtausübung sein kann. Frauen und Männer haben einen unterschiedlichen genetischen Code, in den gern auch unterschiedliche Verhaltensweisen hineingeheimnisst werden. Doch das scheint wirklich der einzige Unterschied zu sein! Ich weiß, es gibt viele kluge Leute, die meinen, darüber hinaus nach weiteren fundamentalen Unterschieden von Männern und Frauen suchen zu müssen. Seien es die körperlichen oder geistigen Fähigkeiten, sei es die Struktur des Gehirns, seien es Fürsorge-, Mit- oder Liebesgefühle, sei es das Verhalten. Immer wieder werden angeblich vorurteilsfrei ermittelte Untersuchungsergebnisse veröffentlicht, die Unterschiede beweisen sollen, Ergebnisse, die nach kurzer Zeit aber wieder kassiert werden müssen. Mittlerweile bin ich davon überzeugt, Frauen und Männer haben dieselben Träume, spüren dieselben Sehnsüchte nach Nähe, haben dasselbe Gefühlsleben und erlernen und entwickeln dieselben Verhaltensweisen − im Guten wie im Schlechten.

Bei meiner Frage, wozu Mädchen und Frauen bereit sind, scheint es so zu sein, als ob ich nur danach zu fragen habe, wozu ich bereit bin, als junger Bursche und später als Mann! Bis ich mich auf das Gefühl für ein Mädchen, für eine Frau eingelassen habe, musste einige Zeit vergehen, in der ich

Vertrauen gewinnen konnte. Mit dieser Erkenntnis kann ich verstehen, worin jenes mir so besonders erschienene Verhalten meiner kleinen Schulfreundin und später das Annas bestanden hat, ein Verhalten, das mich damals zu Beginn meines Liebeslebens so sehr überrascht hat und das die Frage, wozu Mädchen und Frauen bereit sind, erst hat entstehen lassen. Als junger Mann einem Abenteuer nicht abgeneigt gewesen zu sein, das ist keine Frage. Doch Liebe, das ist etwas ganz Anderes!

Bei Anna hat mich natürlich neben einem sympathischen Äußeren zuerst ihr Wesen beeindruckt. Keineswegs im Kontext mit den Spielregeln unserer Jugendzeit (so geschwollen drückt man sich heute gern aus), sondern im Gegensatz dazu hat sie beschlossen, ihrem Gefühlsleben freie Bahn zu lassen, sie selbst zu sein, wenn sie geliebt hat, wiedergeliebt worden ist und Vertrauen in eine gemeinsame Zukunft gewonnen hat. In diesem Sinne ist sie damals schon hochmodern gewesen! Instinktiv muss ich das erkannt haben, habe mich unsterblich in sie verliebt und mich dann überglücklich ihrem Gefühls-reichtum überlassen.

27

Angesichts der kürzlich in der Presse erschienenen Information, zwölfjährige Mädchen seien dabei überrascht worden, wie sie sich auf ihrem Smartphone Internetpornos angeschaut haben, sind mir wieder Fragen bewusst geworden, wann Mädchen beginnen, über Freundschaft und Liebe nachzudenken, was manche von ihnen schon fühlen können, wieso einige von ihnen sich schon früh für das Sexuelle interessieren und welche Vorstellungen sie davon haben, ihre erste Liebe zu erleben. Ob diese Freiheit für Jugendliche gut oder nicht so gut ist, darüber kann man lange diskutieren. Ich kann nur hoffen, dass für viele von ihnen wenigstens annähernd noch eine erste Liebe möglich ist, wie ich sie erlebt und im ersten Teil von „Früher" beschrieben habe.

Um die Wirklichkeiten damals und heute zu illustrieren, möchte ich Sie, meine geneigten Leserinnen und Leser, bitten, sich einmal auf folgendes Bild einzulassen. Hier ein junges hübsches Mädchen von vielleicht fünfzehn Jahren, das sich gerade zusammen mit ihren Freundinnen über einige Pornos auf ihrem Smartphone amüsiert, und dort ein vielleicht noch ziemlich schüchterner Junge, der nicht verheimlicht, sich in sie verguckt zu haben. Glauben Sie, dass sich eine Geschichte daraus entwickeln könnte? Und wie, glauben Sie, würde diese Geschichte Ihrer Meinung nach aussehen? Was könnten Sie sich vorstellen, wären Sie an der Stelle des Mädchens, wären Sie an der Stelle des Jungen? Und wie würden Sie handeln, wären Sie deren Eltern? Wären Sie eher Eltern, die alles laufen lassen in der Hoffnung, das würde sich von selbst regeln? Oder würden Sie eher dazu neigen, gefragt oder ungefragt dem

Mädchen oder dem Jungen einen Rat zu geben? Und wenn ja, welchen Rat?

Die Rolle von Eltern, von Erziehungsberechtigten gehört mehr denn je zu den wichtigsten Erfahrungen, die junge Menschen bei ihrer ersten Liebe machen. Eltern sind häufig der Resonanzboden, der jungen Menschen mitteilt, wie wohlklingend oder wie störend ihr Tun ist. Mir ist bewusst, gegen den sogenannten Mainstream, gegen den Strich der Zeit zu bürsten, wenn ich zu diesem Thema jetzt einige Zitate aus meinem Buch „Früher" heranziehe. Wie weiter vorne schon beschrieben, bin ich als Abiturient in ein sehr junges Mädchen verliebt gewesen, das ich nach dem Abitur wegen der Aufnahme eines Studiums an einer weit entfernten Universität und der damit verbundenen jahrelangen Trennung verlassen musste. In jenem Buch habe ich versucht, die Gefühle dieses Mädchens in der Zeit unserer ersten Liebe nachzuempfinden und verwende dazu das Mittel ihrer Tagebucheintragungen, die sie als junges Mädchen gemacht hat, und die sie dreißig Jahre später liest, als sie ihre Jugendliebe wieder trifft.

Und dann finde ich die meinem Tagebuch anvertrauten Gedanken eines sehr jungen Mädchens, das zum ersten Mal erlebt, einen fremden Jungen zu mögen. Ich habe gar nicht mehr gewusst, dass ich solche Gedanken einmal aufgeschrieben habe. Und ich habe auch nicht mehr gewusst, wie tiefgehend meine Gefühle schon gewesen sind. Darf ich ihm zeigen, dass mir seine

Nähe gefällt? lese ich da. *Darf ich ihn danach fragen, wie er mich findet? Oder muss ich als Mädchen warten und zusehen, ob er etwas sagt? Wie komme ich überhaupt auf diese Fragen, von denen ich weiß, dass sie sich für ein so junges Mädchen wie mich nicht gehören? Ich weiß, wenn er nicht so zurückhaltend und lieb wäre, wenn er sich so wie die meisten anderen Jungen benehmen würde, würde ich mich darauf besinnen, wie sich ein Mädchen zu verhalten hat, was sich für ein Mädchen schickt. Doch bei ihm ist das anders. Irgendwie habe ich Vertrauen zu ihm. Irgendwie glaube ich, er ist jemand, der mir niemals etwas antun wird.*

Und etwas später:

An dieser Stelle des Studiums meines Tagebuches lese ich, welche Wege mein Gefühlsleben schon im Alter von fünfzehn Jahren einzuschlagen vermocht hat. Ich habe Tobias noch gar nicht richtig kennen gelernt, ich weiß noch gar nicht, wie sich das anfühlt, verliebt zu sein, und schon sind sorgenvolle Gedanken um unsere Zukunft da. Ich habe schon davon geträumt, was ich ihm geben kann, wozu ich bereit sein werde, wenn er mich mag. Ich verspüre Sehnsüchte, die ich noch gar nicht richtig verstehen kann, und muss mich zugleich fragen, ob es besser wäre, sie rechtzeitig einzuschränken, ja, sie rechtzeitig zu unterdrücken. In den Liebesromanen, die ich gelesen habe, sind keine echten Hilfen zu finden. Im Gegenteil: das Unterdrücken von Sehnsüchten, egal, ob bei der Frau oder beim Mann, führt nur zu weiteren Problemen. Ich weiß, das macht die Spannung in diesen Romanen aus, doch meine Sehnsüchte finden nicht in Romanen statt.

Und wieder einige Wochen später:

Gegen meine Gefühle kann ich nicht an. Wie sehr sehne ich mich danach, dass er mir zeigt, wie verliebt er ist. Seitdem wir auf der Bank gesessen haben und er mir erklärt hat, dass er verliebt in mich ist, denke ich nur noch daran, wie wir uns finden können. Soll ich ihm zeigen, wie verliebt ich in ihn bin, oder soll ich darauf warten, dass er mir zeigt, wie verliebt er in mich ist? In den Romanen, die ich lese, und bei dem, worüber ich reden höre, geht es eigentlich immer darum, dass es die Rolle des Mannes sei, die Liebe der Frau zu erobern; die Frau hat auf ihn zu warten. Ich finde das echt doof! Ich kann nicht einsehen, dass dann, wenn zwei Menschen sich lieben, sie ein Rollenspiel mitmachen sollen, und noch dazu ein solches Rollenspiel! Bei Gelegenheit muss ich mit meiner Mutter über dieses Thema reden.

Die Beziehung zu ihren Eltern, vor allem die Gespräche mit ihrer Mutter sind ein beherrschendes Unterthema des ersten Teils des Buches „Früher". Für die damalige Zeit, in der die meisten Eltern ihre Töchter durch Warnungen und Verbote eingemauert haben, sind die dort geschilderten Gespräche zwischen Mutter und Tochter bestimmt etwas Besonderes gewesen. Als junger Abiturient habe ich nicht nur bei meinen

Eltern viel Verständnis gefunden, ich habe mich auch bei den Eltern und in der Familie dieses Mädchens immer willkommen gefühlt. Ich habe diese Familie oft besucht und durfte lange Spaziergänge allein mit der Tochter machen. Von einem stillen Einverständnis zwischen Mutter und Tochter allerdings habe ich nichts gewusst. Das habe ich nur vermuten können und mir jetzt als Erzähler zur Erklärung ausgedacht.

Vor dem Einschlafen gehen mir noch so viele Dinge durch den Kopf. Was würde ich tun, hätte ich nicht eine solche Mutter! Bin ich mit mir im Reinen? Wie will ich mit meinen Gefühlen umgehen? Was ich will, weiß ich jetzt. Weiß ich, was Tobias will? Ich wünsche so sehr, dass er mich küsst − nicht so, wie er vielleicht seine Schwester küsst, nein, ich stelle mir das ganz anders vor. Doch was soll ich tun, wenn er sich dagegen wehrt, aus einem tieferen Grund, den ich noch nicht kenne? Von Einvernehmen hat meine Mutter gesprochen. Doch wie kann ich schon in dieser für mich doch so einfachen Angelegenheit wie dem Küssen ein Einvernehmen herstellen, wenn er schon da anderer Meinung sein sollte? Ob ich mir vorstellen kann, mit ihm zu schlafen, diese Frage existiert für mich gar nicht! Ich habe auch noch gar keine Ahnung davon, was das bedeutet.

Das Thema: miteinander schlafen ist durch das Verhalten einer Klassenkameradin aufgeworfen worden, die das Mädchen auf dem Schulhof mit widerlichen Worten angerempelt hat und die von diesem Mädchen später beim Abifest so richtig in die Ecke gestellt worden ist. Hier noch eine Eintragung in ihr Tagebuch kurz vor meiner Abreise ins Studium.

Er schaut mich prüfend an. Er sieht meine Tränen kommen. Als er plötzlich strahlen muss, fliege ich in seine Arme. Und dann küsse ich ihn. Mein Kuss kommt aus den tiefsten Tiefen meines Herzens und ist so ganz anders als alle Küsse, die wir bisher erlebt haben. Ich muss mich eng an ihn drücken. Mein Mund öffnet sich, meine Zunge sucht seine Zunge. Wir vergessen unsere Umgebung und versinken in einem unglaublich erregenden Kuss. Wir können uns lange nicht voneinander lösen. Schwer atmend stehen wir einander gegenüber. Dann sagt er: "Dori, was machst du mit mir?" „Ganz einfach: ich liebe dich!" lautet meine Antwort.

Bis zu meiner Abreise ins Studium ist unsere Beziehung nicht über solche Küsse hinaus gelangt. Wir haben uns mit dem Gefühl und dem Wissen, einander zu begehren, begnügt; ich, weil mir bewusst gewesen ist, Verantwortung für dieses Mädchen zu haben; sie, weil sie den Widerstreit ihrer Gefühle noch nicht im Griff haben konnte. Mir fällt die Vorstellung schwer, dass heutzutage etwas Ähnliches möglich ist, ohne nicht sogleich das Gefühl zu haben, zur Sache kommen zu müssen, wie es heißt. Ich hoffe, ich täusche mich da. Ich hoffe, es gibt noch Mädchen und Jungen, zwischen denen erste derart mächtige Gefühle entstehen können, die solchen Gefühlen Raum geben können, ohne gleich an das sogenannte Letzte zu denken.

28

Sieben Jahre nach Annas Tod habe ich vielleicht eine Antwort auf meine Frage gefunden, wie ihr Verhalten, wie ihre Liebe zu mir zu verstehen ist. Anna hat nach außen wie eine gewöhnliche Frau gewirkt, eine Frau unter vielen anderen. Ich glaube, diesen Eindruck auf andere Menschen hat sie schon als junges Mädchen zum Schutz ihrer Seele machen wollen. Ich habe aber erlebt, dass sie keineswegs als gewöhnliches Mädchen bezeichnet werden kann. Als Mensch ist sie von einer Bescheidenheit gewesen, wie ich sie bei anderen nur sehr selten vorgefunden habe. Nie hat sie sich in den Mittelpunkt gespielt, weder in ihrem Aussehen noch in ihrem Verhalten. Ihre Persönlichkeit, ihr Wesen hat sie aber schnell zu einem Mittelpunkt werden lassen. Denn sie war nicht nur humorvoll, klug und schlagfertig, sie ist auch den Menschen, die sie mochte, offen und mit Empathie entgegengekommen. Schon bei dieser Beschreibung einiger ihrer Eigenschaften stelle ich mir jetzt nach so vielen Jahren die Frage, woher sie die Fähigkeit und die Kraft dazu genommen hat. Denn das, was sie von frühester Kindheit an in ihrer Elternfamilie erleben musste, ist viel eher dazu geeignet gewesen, mit Misstrauen heranzuwachsen und sich anderen Menschen gegenüber zu verschließen, allein schon, um ihre eigene empfindsame Seele zu schützen. Sie hat wohl schon früh gelernt, ihr Inneres und ihre Gefühlswelt so abzuschirmen, dass es dort nicht zu weiteren Beschädigungen gekommen ist. Das hat sie offenbar auch in den ersten drei Jahren ihres Studiums geschafft, als sie auf der Suche nach einer bleibenden Beziehung gewesen ist und dabei wilde Achterbahnfahrten ihres Gefühlslebens ertragen musste. Von all dem habe ich nichts gewusst, als wir uns getroffen haben.

Zu jenem Zeitpunkt, als ich Anna zum ersten Mal begegnet bin, glaubte ich, auf ein Wunder getroffen zu sein, weil sie sich mir gegenüber anders verhalten hat, als ich das erwartet habe. Meinen Beobachtungen der ersten Studienjahre zufolge und nach den Wochen unserer gemeinsamen Prüfungsvorbereitungen habe ich eine von anderen Männern umschwärmte Klassefrau erwartet, die mir sehr gefallen hat, deren Zuneigung zu gewinnen jedoch keine einfache Angelegenheit werden dürfte. Gefunden habe ich eine wirklich liebenswerte junge Frau, die bereit gewesen ist, sich mir, einem völlig unbedeutenden und dazu noch jüngeren Mann zu öffnen. Jetzt viele Jahre später frage ich mich, ob ihr zurückhaltendes Auftreten in der Öffentlichkeit sich wesentlich von jenem Bild unterschieden hat, das sich bei mir zuvor von Mädchen und Frauen gebildet hatte. Obwohl das damals mit dem Brustton einer festen Überzeugung von allen Seiten verkündet worden ist, sind Mädchen gar nicht anders als wir Jungen, Frauen gar nicht anders als wir Männer. Mädchen sehen zwar anders aus, haben aber dasselbe Gefühlsleben wie wir Jungen. Sie haben ebenso wie wir Träume von Partnerschaft, von Freundschaft, von Nähe und von Liebe. Mädchen sind vielleicht sogar noch stärker auf das fokussiert, was man unter erster Liebe versteht. Was für uns Jungen zu Beginn oft noch eine andere Spielart von Abenteuer ist, kann für sie schneller zu mehr Ernst, ja, zu einem handfesten verliebt Sein werden. Ich denke, das ist eine Folge der unterschiedlichen Biologie von Jungen und Mädchen. Diese Ungleichheit von Jungen und Mädchen möchte ich gar nicht wegdiskutiert haben. Ich weiß, mancher postmoderne influencer versteht unter Gleichberechtigung in erster Linie Gleichheit. Doch Gleichheit ist weder beim Geschlecht eines Menschen wahr noch in vielen anderen Bereichen des Zusammenlebens. Im Gegenteil, erst das Bewusstsein der biologischen Ungleichheit von Mädchen und Jungen erzeugt jenes Gefühl, das verliebt Sein oder Liebe hervorruft, jenes Gefühl, das uns eine Gemeinsamkeit erträumen lässt, das wir als Leben empfinden, als ein Leben, um Leben zu erschaffen ...

Um jetzt nicht in den Verdacht zu geraten, ins falsche Horn zu blasen, muss ich dazu noch eine Anmerkung machen. Neben dem von mir als biologisch begründeten Antrieb einer Beziehung zwischen Junge und Mädchen existiert für Menschen auch noch ein anderer ebenso wichtiger Antrieb: die Suche nach menschlicher Nähe. Bei den weitaus meisten Paaren sind beide Antriebe vorhanden und ergänzen sich. Es existieren aber auch Beziehungen, bei denen der Antrieb: menschliche Nähe vorherrscht und der biologische Antrieb keine Rolle spielt. Auch solche Beziehungen können glücklich sein! Wie hatte schon der Preußenkönig Friedrich der Große zu Voltaire gesagt, als es um die Frage der Religionsfreiheit in Preußen gegangen ist: chacun á son façon.

Wie kann ich jetzt nach so vielen Jahren Annas Verhalten verstehen, ein Verhalten, das sie als Mädchen und junge Frau mir gegenüber gezeigt hat? Ich frage mich, wie sie sich möglicherweise verhalten hätte, hätte sie ihre Jugend und ihre ersten Studienjahre in der heutigen Zeit erlebt. Das weiß ich natürlich nicht, doch ich glaube, sie wäre sich ihrer Gefühle in ähnlicher Weise sicher und souverän genug gewesen, ihre Ansicht einer Beziehung, ihren Stil durchzuziehen. Sie hätte sich von dem, was in ihrer Umgebung geschehen wäre, was ihre Klassenkameradinnen und ihre Studienkolleginnen gemeint und getan hätten, was in den sogenannten sozialen Medien verbreitet würde, nur wenig beeinflussen lassen. Wie ich mich verhalten hätte, wäre ich ihr in der heutigen Zeit begegnet, kann ich allerdings nur schlecht einschätzen. Ich bin sicher, die moderne Welt wäre nicht an mir vorübergegangen, ohne tiefe Schleif- und Bremsspuren in meinem Gefühlsleben zu hinterlassen. Die damals vorhandenen und von uns Jugendlichen natürlich als störend wahrgenommenen Ansichten der Gesellschaft zu Fragen der Sexualität, die überall aufgebauten Hindernisse und Einzäunungen für Liebespaare sind Leitplanken gewesen, die es heute nicht mehr gibt, die uns möglicherweise aber vor mancher Enttäuschung bewahrt haben. Ich weiß, jede Zeit hat ihre eigenen Ansichten, Regeln und Verhaltensweisen; die heutige Zeit muss nicht schlechter sein als frühere Zeiten.

Wenn die neue Zeit jedoch keine Individualität und keine ehrlichen Gefühle mehr zulässt, sollten diejenigen ausgegrenzt und gemobbt werden, die den Mut haben, trotz des Spotts anderer sie selbst zu sein, weil sie nicht bereit sind, in Aussehen und Verhalten im „mainstream" mitzuschwimmen, werde ich diese Zeit als schlechte Zeit betrachten.

Beim Lesen dieses Buches werden Sie sich vielleicht schon gewundert haben und sich fragen, hat es denn unter euch nie Streit gegeben. So nach dem Motto: was sich kloppt, das liebt sich (wieder so ein dummer Spruch!). Gute Frage, denn mit Anna in einen Streit zu geraten, ist ein durchaus schweres Unterfangen gewesen. Sie war ein Mensch, der keinen Streit gesucht hat. Und ich bin jemand, der einem Streit lieber aus dem Wege geht, der seinen Unwillen, seinen Unmut erst mal in sich hineinfrisst, bei dem dieser Unmut allerdings nicht lange anhält. In unserer Beziehung haben wir beide jeden Streit vermieden und auch jede Missstimmung nach kurzer Zeit beendet. Unsere Liebesbeziehung und die Beachtung unserer sexuellen Wünsche und Bedürfnisse sind von keinem von uns jemals in Frage gestellt worden. Jetzt im Rückblick auf sechsundfünfzig Jahre Leben mit Anna staune ich selbst, wie selten eine ernste Missstimmung oder gar ein Streit zwischen uns ausgebrochen ist. Ich kann mich nur an eine Situation erinnern, bei der es zu einem Streit gekommen ist. Ich habe gesehen, wie sehr Anna im Verhältnis zu ihrer Mutter immer wieder leiden, wie oft sie deswegen weinen musste. Anna hat ihre Mutter lieben wollen, doch ihre Mutter war eine nur auf sich selbst bezogene Frau, für die ihre Tochter als Seelenklo da zu sein hatte. Das hat Anna mir im Verlauf unseres Streits mitgeteilt, als ich der Meinung war, so kann es nicht weitergehen. Ich habe von ihr verlangt, sich endlich von ihrer Mutter zu lösen, ihrer Mutter klar und unmissverständlich die Grenzen aufzuzeigen. „Das kann ich nicht!" hat Anna mir vorgeworfen und sich für zwei Tage in eine Schmollecke verzogen. Wir waren erst wenige Jahre verheiratet, ich hatte schon Einiges von den Verhältnissen in Annas Familie mitbekommen und mit immer mehr Missbilligung gesehen, wie Annas Familiensinn ausgenutzt worden ist. Kurz nach unserem Streit ist Anna bei ihren Eltern gewesen. Als sie zurückkam, hat sie irgendwie erleichtert gewirkt. Auf meine Frage, wie es gewesen ist, hat sie berichtet, dass es gleich am ersten Abend zur großen Auseinandersetzung gekommen sei. „Der Streit mit dir hatte mir klargemacht, dass ich handeln musste", sagte sie zu mir, „mit dir in Frieden zu leben ist mir wichtiger als der einseitige Frieden mit meinen Eltern, mit meiner Mutter. Nachdem ich nach einem geringfügigen Anlass den Mut finden konnte, eine Auseinandersetzung vom Zaun zu brechen, habe ich alles herausgelassen, was sich in den letzten Jahren bei mir angesammelt hatte. Mein Vater hat sich schnell zurückgezogen und ist in seine Kneipe gegangen, wie immer, wenn dicke Luft geherrscht hat. Meine Mutter jedoch hat sprachlos und mit offenem Mund dagesessen, ich glaube, so etwas hat sie von mir, von ihrem Sonnenschein, wie sie gern betont, nie erwartet." Nach dieser Auseinandersetzung ist das Verhältnis von Mutter und Tochter zwar nicht spannungsfrei, aber doch erheblich entspannter gewesen. Und ihre Tochter als Seelenklo zu benutzen, hat sie aufgegeben.

29

Eine Quelle des Streitens, von der öfter zu hören ist, das gemeinsame Verreisen oder das Verreisen mit Familie. Streit wegen des Reisens hat bei Anna und mir nie eine Rolle gespielt. Schon bei unserer ersten Reise, als wir uns gerade kennen gelernt hatten, habe ich erfahren, was sie darunter verstanden hat, mit mir zusammen zu verreisen. Am Ende unseres ersten gemeinsamen Sommersemesters sind wir mit einem befreundeten Paar in einem alten, von meinem Vater ausgeliehenen Auto in die österreichischen Tauern gefahren; dort hatten wir eine weit oben in der Wildnis gelegene strom- und wasserlose Sennerhütte für zehn Tage praktisch kostenfrei bewohnen können. Wenige Schritte von der Hütte entfernt gab es eine gefasste Wasserstelle, an der wir uns waschen und von der wir das ansonsten für das Kochen auf einem holzbefeuerten Herd und für das Putzen benötigte Wasser holen konnten. Nach heutigen Maßstäben würde man sagen: primitiver geht es nicht. Wie Anna diese Reise in die Wildnis empfunden hat, habe ich viel später in ihrem Tagebuch nachgelesen:

Unsere Ferien in F. waren einfach wundervoll! Was gibt es Schöneres, als einmal so ganz fern von aller Zivilisation die Natur zu erleben. Nur nebeneinander zu gehen, sich die Schönheiten ringsum zu zeigen und glücklich zu sein, dass man dies alles gemeinsam erleben darf. Störend war nur manchmal das Benehmen von J.H. und U.S., und sie waren auch im Grunde daran schuld, wenn wir uns nicht recht verstanden haben.

Unsere zweite Reise hat uns nach London geführt. Wir waren gerade erst verlobt, als Anna von ihrer englischen Schulfreundin eine Einladung zu deren Hochzeit erhalten hat, und ich Anna ausdrücklich begleiten sollte. Eine Reise nach England ist damals noch ein Abenteuer gewesen. So unerfahren, wie ich war, hatte ich es gerade geschafft, unsere Pässe, unser englisches Bargeld und unsere Tickets für Bahn und Fähre auf die Reihe zu bringen. Doch wo wir übernachten würden, darum hatte ich mich nicht kümmern können; die damals schon horrend hohen Hotelkosten in London waren für uns junge Leute unerschwinglich. So sind wir, nachdem wir nach einer Tagesreise über Dover in London in der Victoria Station angekommen waren, als Erstes auf die Suche nach einer preiswerten Unterkunft gegangen. Nach mehr als zwei Stunden Herumirren mit unserem Gepäck haben wir endlich ein ‚bed and breakfast' gefunden. Unterwegs hatte ich immer mehr die Befürchtung, Anna wird mir Vorwürfe machen, eine solche Reise nicht ordentlich organisieren zu können. Doch so war es nicht! Mit einer Engelsgeduld hat sie zu mir gehalten und bei der Suche mitgeholfen. Die Hochzeitsfeier der englischen Schulfreundin am Abend und unsere erste gemeinsame Nacht in einem Londoner ‚bed and breakfast' waren dann der wunderschöne Lohn für diese Geduld.

Auf den Geschmack gekommen, habe ich mit Annas Einverständnis während der Jahre unserer Trennung über die Pfingsttage ein Doppelzimmer in einem guten Hotel im Sauerland telefonisch geordert. Wir hatten beide etwas Geld, Anna, weil sie ihr erstes schmales Gehalt als Realschullehrerin a.P. (auf Probe) erhalten, ich, weil ich von meiner Arbeit in den Semesterferien noch Geld übrig hatte. Meine Eltern hatten viel Verständnis für uns, Annas Mutter dagegen, die ihre Tochter bei sich sehen wollte, war verschnupft, denn wir waren ja noch nicht verheiratet. Diese wunderbaren Pfingsttage zu einer Zeit, als wir über zwei Jahre lang getrennt voneinander leben mussten, haben wir in vollen Zügen genossen und als kleinen Ausgleich für den Abstand von dreihundert Kilometern empfunden, den wir in dieser Zeit zu ertragen hatten.

Wir waren immer noch nicht verheiratet, als wir zum Ende der Sommerferien in Annas Schule mit der einfachen Blechkiste unterwegs waren, die wir uns als Auto gekauft haben, nachdem Anna ein Gehalt und ich als Diplomand etwas Geld zur Unterstützung bekommen habe. Gut zwei Wochen sind wir auf einer Rundfahrt in Süddeutschland unterwegs gewesen; mit der Sicherheit, die wir als Paar mittlerweile gewonnen hatten, haben wir praktisch keine Probleme mit der Übernachtung in einfachen Gasthäusern gehabt. In diesen zwei Wochen habe ich bei Anna nie irgendeinen Unwillen oder eine Beschwerde wegen unserer Reiseziele und unserer Besichtigungsunternehmungen erlebt; das Verreisen mit ihr ist ein solches Vergnügen gewesen, wie ich mir das vorher nicht vorgestellt habe. Einer der Höhepunkte dieser Reise war das Erlebnis eines Konzerts im Münster von Zwiefalten, wo wir an einem späten Vormittag rein zufällig in eine Generalprobe des Radio-Sinfonie-Orchesters des Süddeutschen Rundfunks geraten sind. Es war ein einmaliges Erlebnis, mit nur ganz wenigen Zuhörern klassische Musik in einer solchen Kirche hören zu können.

Ähnliches, jedoch nicht mit Orchester-, sondern mit Orgelmusik, haben wir später bei einem Urlaub in Kärnten erlebt, wo wir wieder zufällig die mit vielen Scheinwerfern und Lichtern voll ausgeleuchtete Kathedrale von Gurk betreten durften. Wir haben erfahren, dass diese Beleuchtung eine Generalprobe für den kommenden Besuch des Papstes sei. Im Verlauf unseres Lebens haben wir viele Kirchen und Kathedralen besichtigt, doch eine derart intensiv bis in die letzten Winkel ausgeleuchtete Kirche haben wir nur hier erlebt. Das Erlebnis eines Konzerts in einer der prachtvollsten Kirchen der Welt ist mir kürzlich ein drittes Mal zuteil geworden: in der Wieskirche im Allgäu, die Anna und ich viele Jahre vorher schon kennen gelernt haben.

Mit Anna zu reisen ist auch dann wunderbar problemlos gewesen, wenn wir nicht allein, sondern mit Familie unterwegs waren. Es ist müßig, die vielen Ziele zu nennen, an denen wir mit unseren zuerst kleinen und dann größeren Kindern erlebnisreiche Tage verleben konnten. Von zwei Reisen mit großer Familie sollte jedoch kurz berichtet werden. In den Nockbergen Kärntens sind wir öfter gewesen, dort hatten wir eine familienfreundliche Pension gefunden. Einmal waren wir mit acht Personen unterwegs: mit Annas Mutter, mit meiner Mutter, mit einer lieben Tante, mit unseren beiden Töchtern, mit einer Freundin unserer älteren Tochter und uns beiden. Zum Windsurfen auf den kleineren Seen hatten wir noch ein Surfbrett mit vollständiger Ausrüstung auf das Dach eines unserer beiden Autos geschnallt. An zwei Nachmittagen konnten Anna und ich die Gesellschaft sich selbst überlassen und auf meinen Wunsch hin auf die Gerlitzen fahren, wo wir den Modellfliegern und vor allem den Paragleitern zugeschaut haben. Einmal haben wir zusehen müssen, wie ein Unglück nur haarscharf vermieden werden konnte. Ein Para-Pilot war von der Sommerthermik in sehr große Höhen gerissen worden und konnte sich nur in Steilspiralen abwärts daraus befreien. Dabei ist ein Ohr seines Gleitschirms eingeklappt, ein weiteres Zusammenklappen des Gleitschirms war zu befürchten. Knapp über dem Boden konnte der Pilot den Absturz aber abfangen und heil landen. Wir waren in unmittelbarer Nähe und haben gehört, wie erleichtert er war, als er seinen Fliegerkameraden davon berichtet hat.

Eine unserer letzten Reisen mit mehreren Personen war eine Mittelmeerkreuzfahrt, die Anna und ich zusammen mit unserer älteren Tochter und ihrer Familie unternommen haben, als Anna schon von ihrer Krebserkrankung gezeichnet gewesen ist. Obwohl ihr manchmal anzusehen war, dass es ihr nicht so gut gegangen ist, habe ich von ihr nie einen Ton der Klage gehört. Sie hatte sich immer schon eine solche Kreuzfahrt gewünscht, ich habe sie anstelle unserer Goldenen Hochzeit arrangiert – Anna hat sich wegen des Krebses nicht mehr stark genug gefühlt, eine größere Familienfeier auszurichten.

In ihren letzten Lebensjahren habe ich öfter an die letzten Lebensjahre ihrer Mutter denken müssen, die wir ja miterlebt und miterlitten hatten. Und an den Spruch, den ich einmal gehört habe, als ich mich noch auf Freiersfüßen bewegte. Da wurde gesagt: „Wenn du wissen willst, wie deine Frau im Alter sein wird, dann schau dir ihre Mutter an". Anna ist so unglaublich anders gewesen als ihre Mutter, anders im Aussehen, besonders aber anders im Verhalten, dass man sich durchaus fragen konnte, woher das kommt. Bei einem meiner Besuche bei Annas Eltern ist gesagt worden, Anna hätte das Aussehen und das liebevolle Wesen ihrer Großmutter mütterlicherseits mitbekommen. Ich habe zwar hingenommen, dass der oben genannte Spruch für viele Töchter zutreffen mag, bei Anna aber

Gott sei Dank nicht. Auch beim Thema Reisen hat man sich keinen größeren Unterschied zwischen Mutter und Tochter denken können. Annas Eltern sind gern gereist, doch niemals gemeinsam. Bis auf die wenigen Male, in denen sie zusammen bleiben mussten, weil sie mit uns, mit Anna und mir Besuche bei weit entfernt lebenden Verwandten unternommen haben, dem älteren Sohn und einem Bruder ihrer Mutter, und sie dabei auf die Fahrt mit unserem Reiseauto angewiesen waren. Wenn ich mich an jene Reisen in den ersten Jahren meiner Ehe mit Anna erinnere, dann vorwiegend daran, welche miesen Stimmungen zwischen ihren Eltern und welche Spannungen wir zu überspielen hatten, um selber noch ein wenig Freude empfinden zu können.

30

„Liebe geht durch den Magen", so hat man früher über die Partnersuche gewitzelt. Heute liest man in Feuilletons, Geld sei zu einem viel schärferen Problem in Beziehungen geworden; sowohl dann, wenn der Mann der Haupternährer ist, wie aber auch dann, wenn die Frau ein höheres Einkommen hat. Trägt der Mann die finanzielle Hauptlast, kann es vorkommen, dass die Frau zu leiden hat, wenn der Partner ihr Verschwendungssucht vorwerfen sollte. Bringt die Frau mehr Geld in die Beziehung ein, kann der Partner sich oft in seinem Stolz verletzt fühlen und entsprechend barsch reagieren, wenn es um Geld geht. Zank um Geld ist deshalb kein Witz und ziemlich häufig die Ursache für Probleme in einer Liebesbeziehung, manchmal sogar deren Ende.

Im Rückblick auf mein Leben mit Anna hat die Geldfrage durchaus eine Rolle gespielt. Jedoch keine solche, bei der die Art unserer Beziehung auf dem Spiel gestanden hätte. Meine Jugendzeit war wie die Annas eine Nachkriegszeit, da waren Geld und materieller Besitz eine Mangelware. Da das praktisch alle Menschen getroffen hat, ist uns dieser Mangel nie sonderlich bewusst geworden. Meine Eltern haben versucht, meinen Geschwistern und mir als Wichtigstes ein Aufwachsen ohne großen Hunger zu ermöglichen. Soviel ich weiß, ist das bei Anna nicht anders gewesen. Unsere Eltern sind auch bereit gewesen, uns Kindern den Besuch des Gymnasiums zu einer Zeit möglich zu machen, als sie noch selbst um ausreichende Einkünfte zu kämpfen hatten und als noch Schulgeld zu entrichten war. Als wir unser Abitur machten, waren unsere Eltern aus dem Gröbsten heraus, das sogenannte Wirtschaftswunder hatte Einzug gehalten, die Nachkriegsarmut war vorbei.

Was jedoch nicht bedeutet hat, wir hätten jetzt ein Studentenleben in Saus und Braus vor uns gehabt. Ganz im Gegenteil. Die Unterstützung, die wir von unseren Eltern bekommen konnten, hat gerade gereicht, die Budenmiete, die Hörer- und Semestergebühren, die wenigen Bücher und die Heimfahrten bezahlen zu können. Wenn gespart werden musste, dann beim Konsum, bei Bekleidung, Essen und Trinken.

In den Semesterferien mussten wir Geld verdienen, Anna in ihrem Spektrallabor, ich im Röhrenwalzwerk und anderen Industrieunternehmen. Als Anna und ich uns verliebt haben, hat sie mir berichtet, dass sie in ihren ersten Studienjahren bis zur nächsten Unterstützung durch ihre Eltern oft wochenlang hungern musste: „Ein Hefeteilchen und ein paar Zigaretten zur Bekämpfung des Hungers mussten über den Tag hinweghelfen." Entsprechend schlank oder genauer gesagt: mager sind wir gewesen! Als ich bemerkt habe, ein wenig mehr Geld als sie zur Verfügung zu haben, habe ich ihr geholfen, indem ich beim Konsum die eine oder andere Zahlung übernommen habe; sie hat meine Hilfe dankbar angenommen. Dafür habe ich sie gebeten, mit dem Rauchen aufzuhören. „Für jede Zigarette, die du weniger rauchst, lege ich einen Groschen zurück." Sie hat mitgespielt, nach drei Jahren konnte sie von den gesparten Groschen Wolle kaufen, aus der sie mir einen ersten Pullover gestrickt hat. Bis an ihr Lebensende hat sie nie wieder geraucht und stattdessen eine unglaubliche Vielzahl wunderschöner Pullover für alle Familienmitglieder gestrickt.

In unserer Studentenzeit hat sich zusammen mit unserer Liebesbeziehung auch jene Beziehung zum Geld entwickelt, die unsere ganze gemeinsame Zukunft bestimmt hat: wenn wir Geld hatten, dann hatten wir es immer gemeinsam. Das haben wir in Notzeiten so gehalten, das hat erst recht dann gegolten, wenn wir ausreichend davon hatten. Wir haben uns gegenseitig Verfügung über unsere Konten gegeben; meines Wissens ist es nie vorgekommen, dass einer von uns das genutzt hat. Dieses Vertrauen hat zu unserer Liebesbeziehung gehört. Größere Ausgaben haben wir beraten und dann gemeinsam finanziert. Weil sie das gewünscht hat, habe ich alle Versicherungs- und Steuerangelegenheiten in die Hand genommen, als wir uns ein Haus gekauft haben und dadurch einkommensteuerpflichtig geworden sind. Anna hat nie Einsicht in meine Verwaltungsarbeit verlangt. Ich habe von den Jahren an, als wir uns aus einem Zwischentief wieder herausgearbeitet hatten, bis an ihr Lebensende dafür gesorgt, dass ihr Konto nie ins Minus geraten ist. Als wir genügend Geld hatten, habe ich sie ermuntert, alles das zu kaufen, woran ihr Herz hängt. Weil sie berufstätig war, habe ich früh dafür gesorgt, dass sie ein eigenes Auto zur Verfügung hatte. Selber habe ich nur wenig Lust zu einem Einkaufsbummel verspürt, weil ich nur wenige Bedürfnisse hatte. Ich bin nie auf die Idee gekommen, in irgendeiner Weise kontrollieren zu wollen, wofür sie unser Geld verwendet und was sie für sich gekauft hat. Denn abgesehen von unserer wunderbaren Liebesbeziehung, der Anerkennung und Wertschätzung in ihrem Berufsleben und dem Heim, das wir uns geschaffen haben, hat sie sonst nicht allzu viel Gutes und Schönes von ihrem Leben gehabt.

Unvergessen sind jene drei Jahre unserer Ehe, in denen wir wieder richtige Notzeiten überstehen mussten, in denen uns das Geld an allen Ecken und Enden gefehlt hat. Wir hatten gerade ein Haus erworben und uns bis über beide Ohren verschuldet. Wir hatten drei kleine Kinder, zwei von ihnen behindert. Meine fünf goldenen Jahre mit besten Aussichten auf eine gesicherte Zukunft an der Universität waren wie weiter vorne schon berichtet schlagartig vorüber. Und schlagartig war unser Haushaltseinkommen halbiert! In diesen drei Jahren hat Anna in jeder Hinsicht die Hauptlast tragen müssen und mit voller Stundenzahl weiterunterrichtet, obwohl sie sich wegen der Kinder schon eine Reduzierung ihres Unterrichtsdeputats vorgestellt hatte. In diesen drei Jahren hat sie unsere Familie gerettet und meine weitere berufliche Zukunft gesichert. Das habe ich ihr nie vergessen!

Viel später in unserem Leben hat es noch eine Situation gegeben, in der es um Geld gegangen ist, um sehr viel Geld und um das Vermögen, das wir beide uns bis dahin erarbeitet hatten. Es war die Zeit ihres Kampfes gegen den Krebs. Als die klassischen Krebstherapien nichts genutzt haben, haben wir überlegt, ob wir unser gesamtes Vermögen und dazu einen Berg Schulden für eine neue Therapie aufwenden wollen, eine Therapie, die sich noch in der Erprobungsphase befunden hat, die extrem teuer war und von den Krankenkassen und der Beihilfe für Beamte nicht bezahlt oder bezuschusst worden ist. Weil unsere Kinder versorgt waren, habe ich Anna versichert, wenn sie diese Therapie wünscht, würde ich alles, was wir bis dahin an irdischen Gütern erworben haben, dafür hergeben. In dieser Situation hat Anna unsere Familie ein zweites Mal gerettet. Sie hat gesagt, das will ich nicht. Ich will meine ganze

Familie wegen dieses blöden Krebses nicht in eine völlig ungewisse Zukunft zu stürzen! Das hat sie im Bewusstsein beschlossen, sich damit für ihren sicheren Tod entschieden zu haben. Ich weiß nicht, ob ich die Bedeutung ihres Entschlusses damals im Trubel der Ereignisse schon voll erfasst habe. Manchmal wird von Menschen berichtet, deren menschliche Größe bekannt geworden ist. Von den vielen stillen Größen erfährt man deutlich weniger. Annas stille Größe, Annas Entscheidung für ihren baldigen Tod ist nur mir bekannt gewesen; unsere Töchter sind erst nach ihrem Tod von mir unterrichtet worden.

Anna lebt nicht mehr. Ihre Entscheidung hat aber dafür gesorgt, dass ich jetzt nach ihrem Tod ohne jede finanzielle Sorge leben kann. Ich bin zwar keineswegs gesund, genau genommen bin ich das, was man nach meinen Operationen als körperbehinderten Menschen bezeichnet. Ich habe aber mehr Geld zur Verfügung, als ich zum Leben benötige. Anna, diese Sicherheit im Alter haben wir uns gemeinsam erarbeitet, sie ist eigentlich für uns beide gedacht gewesen. Leider hast du nur einen Teil dieser Sicherheit miterleben können. Dir verdanke ich, jetzt schon sieben Jahre lang ohne Geldsorgen an meinen Erinnerungen und an meinen unvollendet gebliebenen Schriften arbeiten zu können. Du hast vermocht, weit in die Zukunft zu blicken ...

Out

Jetzt im hohen Alter frage ich mich, ob ich jemals verstanden habe, was Liebe ist, was die Liebe einer Frau bedeutet. Als Jugendlicher und auch noch als junger Mann habe ich unter Liebe zunächst nur das verstanden, was auch meine Kameraden interessiert hat: Liebe ist ein Abenteuer und heißt küssen, streicheln und vielleicht noch etwas mehr. Bei Mädchen ist mir früh aufgefallen, dass sie sich anders verhalten als wir Jungen gedacht haben. Manche Beobachtung hat mir zu denken gegeben. Lange Zeit bin ich völlig unsicher und unreif gewesen. Erst im Alter von achtzehn, neunzehn Jahren habe ich mir schon konkreter vorstellen können, ein Abenteuer mit einem Mädchen, mit einer jungen Frau zu erleben. Doch dann habe ich nicht nur erfahren, wie weit der Weg vom Wunsch zur Wirklichkeit ist! Ich habe auch zu spüren bekommen, was Verantwortung bedeutet. Nur um ein Abenteuer zu erleben, wollte ich nicht mit einem sogenannten leichten Mädchen anbandeln. Ich habe die Sache ernster gesehen; mir ist es nicht allein um ein Abenteuer gegangen, mir ist wichtig gewesen, das Mädchen zu mögen und auch erkennen zu können, dass das Mädchen mich mag.

Bis mir die Bedeutung einer Aussage bewusst geworden ist, die ich zwar gehört, aber zunächst nicht beachtet habe: selbst zu einem Liebesabenteuer, selbst zu einer einzigen Liebesnacht gehören immer zwei. Zwei, die sich im richtigen Moment treffen, zwei, die sich sofort verstehen, zwei, die dasselbe wollen. Schon diese wenigen Bedingungen lassen erkennen, an die Chance zu solchen Begegnungen nicht allzu große Erwartungen zu knüpfen. Kommt hinzu, dass eine solche Begegnung nur dann möglich ist, wenn keine Gefühle für jemand Anderen vorhanden sind, wenn es keine Probleme familiärer oder beruflicher Art gibt, durch die Gefühle gefesselt sind, wenn man erkennen muss, dass der Partner Eigenarten hat, die man nur schwer ertragen kann, dann wird verständlich, zu welch seltenem Ereignis das Liebesabenteuer im Leben eines Menschen werden kann. Es gibt manchen Roman, in dem das Schicksal eines Menschen beschrieben wird, der in seinem Leben nie erfahren hat, wirklich geliebt worden zu sein. Es geht hier auch nicht um jene zahlreichen Frauen, die in ihren Beziehungen nur ein Rein, Stöhnen, Raus kennen gelernt haben, die in ihrem Leben womöglich nie erfahren haben, was ein Liebesorgasmus ist. Diese Frauen haben vielleicht viele Erlebnisse gehabt, die ihnen die Illusion einer Liebe geben konnten, die aber nie erlebt haben, was Liebe ist. Ich meine auch nicht jene zahlreichen Männer, die glauben, viele Frauen flach gelegt zu haben sei das, was unter einem erfüllten Liebesleben zu verstehen ist. Ich bin überzeugt: Eine echte ehrliche Liebesbeziehung kann man nur zu einem einzigen Menschen haben.

Ich denke, dass das, was ich in jungen Jahren mit meiner jungen Freundin aus Schulzeiten und später mit Anna erleben durfte, schon eher etwas mit einer solchen Liebe zu tun hatte. Liebe ist

nicht nur Begehren, nicht nur der von unserer Biologie verursachte Drang zur Vermehrung. Lieben heißt Verstehen,
Vertrauen, und Verzichten. Heißt Verzichten auf eigene Wünsche, wenn Gefühle und Seele des Partners darunter leiden
müssten. Heißt die Sorgen und Nöte des Anderen zu sehen und
zu beachten. Heißt bereit zu sein, Verantwortung für den
Anderen zu übernehmen. Heißt selber das zu tun, was man sich
vom Anderen wünscht. Sollte nur wenig davon nicht funk-
tionieren, wird es mit dem, was man sich als Liebe erhofft hat,
schief gehen. Möglicherweise wird man sich irgendwie vertragen, vielleicht sogar ein Leben lang, man wird aber nicht das
finden, was man gesucht hat: das Glück.

Schaue ich mir den ganzen Katalog der eben genannten
Bedingungen an, die mit Liebe zu tun haben, dann könnte ich
den Schluss daraus ziehen, Liebe ist eine echt komplizierte und
womöglich anstrengende Angelegenheit. Ich kann mir durchaus
vorstellen, dass jemand durch das Leben geht, vielleicht sogar
durch ein Leben mit vielen Liebesabenteuern, ohne jemals
erlebt zu haben, was Liebe ist. Ich kann mir umgekehrt vorstellen, dass jemand ein Leben lang nach dem idealen Partner
sucht, um nachher festzustellen, dass ein solcher Partner nicht
zu finden ist. In beiden Fällen kann man sich hinterher fragen,
ob alles das, was man erlebt oder nicht erlebt hat, die
Anstrengungen wert gewesen sind. Dass man sich fragt, warum
man sich derartige Mühen aufgebürdet hat, um hinterher
festzustellen, dass sie vergebens gewesen sind.

Ich glaube, Liebe ist viel einfacher! Liebe ist etwas, was viel mehr Menschen erfahren könnten, wenn sie mehr Geduld mit sich und anderen hätten, wenn sie das Dasein so annehmen könnten, wie es sich ihnen gerade darbietet. Wenn sie gelernt hätten und bereit wären, das, was geschieht oder eben nicht geschieht, hinzunehmen. Wenn sie nicht immer glauben würden, alles müsse geplant, gut vorbereitet und zweckmäßig zugerichtet sein, um glücklich werden zu können. Laissez faire – so abgegriffen, wie diese französische Lebensweisheit ist, sie ist bestimmt nicht die schlechteste Methode, mit dem Leben umzugehen. Wer weiß denn, wozu es gut ist, wenn es mir nicht gelingt, die Liebe meines Lebens zu finden? Wenn ich sie vielleicht sogar nie finden werde? Wer weiß denn, wem dadurch ein Leid erspart worden ist? Wer weiß denn, vor welchem Leid ich selbst bewahrt worden bin? Bei der Suche nach einer Beziehung geht es ja nicht nur um mich und um meine Wünsche. Woran ich vielleicht gar nicht denke, ist die Frage, ob mein Partner, meine Partnerin mit mir und mit meinen Eigenarten glücklich sein kann. Wer weiß, wozu es gut ist, wenn derjenige Partner, mit dem ich mir eine Beziehung habe vorstellen können, plötzlich abspringt, aus welchem Grund auch immer?

Wer sagt denn, mit sechzig sei das Leben vorbei – und meint mit dem Leben das Lieben. Ich sollte mich darauf verlassen, dass es nie vorbei ist. Ich sollte zwar nichts Großartiges erwarten, sollte aber offen für alles Neue sein. Als Achtzigjähriger habe ich wenige Jahre nach Annas Tod eine Frau kennen gelernt, bei der ich mir habe vorstellen können, enger mit ihr befreundet zu sein. Als Folge der herzlichen und zugewandten Art, mit der sie mir begegnet ist, habe ich ihr tatsächlich einen Liebesbrief geschrieben — na, ja, so etwas Ähnliches. Seitdem habe ich nichts mehr von ihr gehört. Ich kann das verstehen. Sie ist verheiratet und offenbar glücklich mit ihrem Mann. Früher schon habe ich niemals in eine Beziehung eindringen wollen, das ist jetzt erst recht so. Ein solches Gefühl wie Zuneigung und Liebe erleben zu können ist keine Frage des Alters, ist aber etwas Wunderschönes, besonders, wenn man so etwas nicht erwartet, und so etwas dennoch zufällig geschieht. Anna, es sind dein Wesen und deine Liebe, die ich sechsundfünfzig Jahre lang erleben durfte, die mir solch ein Fazit unserer wunderbaren Beziehung möglich machen.

***

Zeittafel Anna

02.10.1938	Geboren in Mülheim a.d. Ruhr
1944	Letztes Kriegsjahr auf Rügen
1945	Rückkehr nach Essen; Wohnung in Mülheim zerstört
1945 – 1949	Volksschule
1949 – 1958	Gymnasium in Mülheim
April 1958	Abitur
Mai 1958	Beginn des Physikstudiums an der Uni Göttingen
Mai 1961	Vordiplomexamen Physik in Göttingen; gemeinsame Prüfungsvorbereitung mit RiRi
Nov. 1961	Beginn des Pädagogik-Studiums an der PH Göttingen
Silv. 1962	Verlobung mit RiRi
Jan. 1963	Examen an der PH Göttingen
1963 – 1965	Realschullehrerin auf Probe in Schüttorf
Juli 1965	Hochzeit mit RiRi in Mülheim
1966 – 2001	Realschullehrerin in Göttingen

Dez. 1967	Geburt des Sohnes
Nov. 1970	Geburt der älteren Tochter
Juli 1972	Kauf des Hauses in Lenglern
Sept. 1974	Geburt der jüngeren Tochter
1978	Tod ihres Vaters
1981	Anbau einer Einliegerwohnung
1982 – 1992	Ihre Mutter lebt in unserem Haus
1984	Übersiedlung des Sohnes in ein Pflegeheim
1989 – 1992	Pflege und Tod ihrer Mutter
1990	Abitur und Beginn des Studiums der älteren Tochter an der Uni Göttingen
1993	Hauptschuljahr der jüngeren Tochter
1994	Berufsbildungsjahr der jüngeren Tochter
1995 – 2022	Die jüngere Tochter lebt in einer Einrichtung in Thüringen und stirbt dort
1998	Bau des Wintergartens und Umgestaltung der Terrasse
2004	Tod ihres jüngeren Bruders

2004	Dorfhochzeit der jüngerer Tochter
2005	Gründung einer Stiftung am Lebensort der jüngeren Tochter
2005	Hochzeit der älteren Tochter
2006	Geburt des ersten Enkelkindes
2007	Geburt des zweiten Enkelkindes
2012	Tod ihres älteren Bruders
2013 – 2017	Krebserkrankung
12.10.2017	Tod in unserem Haus in Lenglern

***

Zu Annas Bildergalerie

In meinen Büchern „Erinnerungen an Anna", „Lebenserfah-rungen" und in diesem Buch „Nach ihrem Tod" schreibe ich immer wieder davon, sie sei der liebenswerteste Mensch gewesen, dem ich jemals begegnet bin. Ich schreibe davon, wie attraktiv sie mir erschienen ist, nachdem ich mich in sie verliebt hatte. Ich schreibe auch davon, dass sie bis zu ihrem Tod so attraktiv für mich geblieben ist wie als junge Frau. Ich glaube, ich bin es der geneigten Leserin, dem interessierten Leser schuldig, neben diesen Texten auch eine anschauliche Vor-stellung dieses Menschen zu vermitteln. Das wird auf den folgenden Seiten mit Bildern geschehen, mit Fotografien aus Annas Leben. Es sind Bilder unterschiedlicher Qualität aus unterschiedlichen Zeiten, von ihrer Kindheit bis zu ihrem Tod nach neunundsiebzig Jahren. Meine Buchtexte beschreiben das Innenleben Annas, die Bilder geben einen Eindruck von ihrer äußeren Erscheinung. Wer über so etwas Ähnliches wie eine eidetische Fähigkeit verfügt, wird mir zustimmen können: diese Bilder lassen erkennen, welch ein besonderer Mensch Anna gewesen ist. Bis auf jene Monate nach einem der zahlreichen Tiefschläge des Schicksals in unserem Leben hat sie mir immer ein Lächeln geschenkt, ein Lächeln, das mich und ihre Umge-bung verzaubert hat. Nie habe ich einen Menschen mehr geliebt als sie. Auch unsere Kinder haben ihre Mutter, unsere Enkelkinder haben ihre Oma über alles geliebt. Sie ist der Mittelpunkt unserer Familie gewesen. Meine Lebensaufgabe habe ich darin gesehen, sie so glücklich zu machen, wie das mir möglich gewesen ist. Vielleicht ist mir das auch gelungen ...

Anna wird am 2. Oktober 1938 geboren.

Auf diesem Bild ist sie etwa vier Jahre alt. Ich meine, schon bei diesem Kinderbild ist zu erkennen, sie wird einmal ein besonderes Mädchen, eine besondere Frau sein. Sie sieht so ganz anders aus als die Mitglieder ihrer Familie. Sie hat auch ein ganz anderes Wesen. Mir wurde später gesagt, sie hätte beides, Aussehen und Wesen von ihrer Großmutter mütterlicherseits geerbt.

Anna (10) mit langen Zöpfen als Schulkind.

Welch ein attraktives Mädchen Anna (14) ist und welche inneren Werte erkennbar sind, zeigt dieses Bild aus ihrer Jugendzeit. Wenn ich sie damals schon gekannt hätte: ich hätte mich sofort in sie verliebt!

Anna (16) als Backfisch.

Sie hat eine englische Schulfreundin gehabt und sie und deren
Eltern in Portsmouth besucht.

Anna (19) kurz vor ihrem Abitur. Dieses Bild stammt wohl von einer Faschingsfeier.

Anna (21) in ihren ersten Studiensemestern. So habe ich sie gelegentlich von weitem gesehen. Sie war praktisch nie allein, als eine der ganz wenigen Physikstudentinnen war sie meistens in männlicher Gesellschaft. Als wir uns trafen, war sie 22 Jahre alt.

Anna (24) und ich (23) als frisch verlobtes Paar. Die Verlobungsfeier ist von Annas Eltern ausgerichtet worden. Als Studenten waren wir zwar arm wie die Kirchenmäuse, aber sehr glücklich!

Anna (24) in ihrer zweiten Studentenbude. Dort haben wir anderthalb Jahre lang die wohl glücklichste und unbeschwerteste Zeit unserer Beziehung erlebt. Ich habe weiter Physik studiert, sie hat ihr Physikstudium aufgegeben und sich mit der Pädagogik der Realschule herumgeschlagen.

Anna (24) mächtig auftoupiert,
wie das damals üblich war!

Im Sommer sind wir oft ins Freibad gegangen. Anna war für mich die schönste Frau der Welt.

Anna (24) zu Besuch bei ihrem Bruder und seiner Familie am Chiemsee. Ich hatte sie zusammen mit ihrer Mutter im alten VW-Cabrio meines Vaters hin- und nach einigen Tagen wieder zurückgefahren.

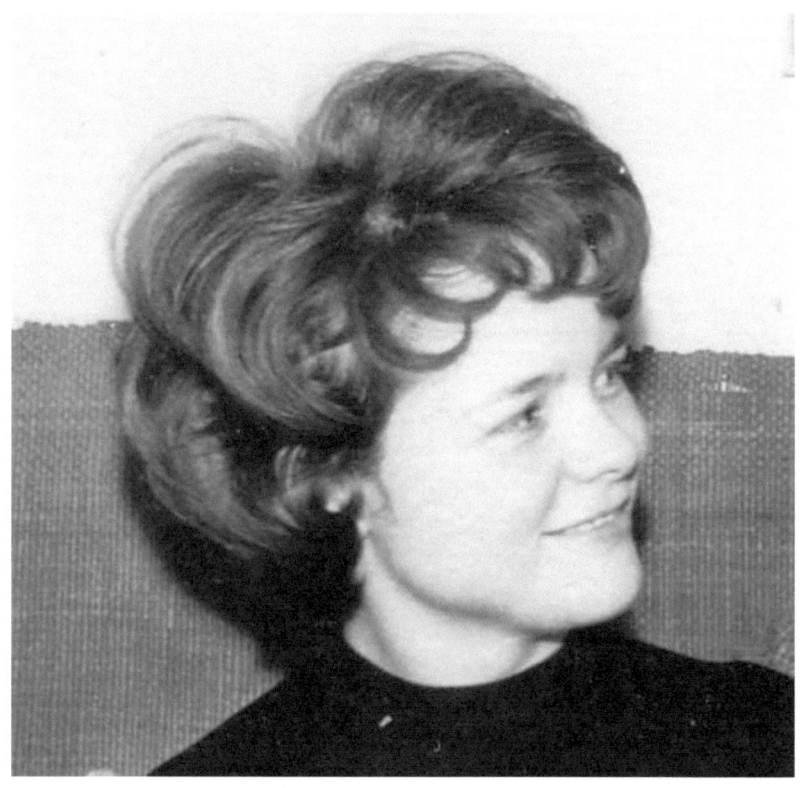

Eines der letzten Bilder Annas (25) in ihrer Studentenbude. Danach sind wir über zwei Jahre voneinander getrennt gewesen, weil sie von der Landesregierung an eine Schule weit weg in die Pampa verschickt worden ist.

Hochzeit Anna (noch 26) und ich (noch 25). Anna war glücklich!

Anna (30) mit unserem ersten Kind, unserem Sohn.

Anna (32) mit unserer älteren Tochter.

Anna (33) mit unseren beiden ersten Kindern.

Anna (33) auf dem Balkon unserer zweiten Wohnung in der Färberstraße.

Anna (34) mit unserer älteren Tochter.

Anna (noch 35) mit unserer jüngeren Tochter.

Anna (35) draußen mit unserem Sohn.

Anna (36) zu Silvester. Nicht zu glauben, ich habe eine derart attraktive Frau, die schon drei Kinder geboren hat!

Anna (36) mit unserer gerade getauften jüngeren Tochter vor
unserem neuen Haus, Blick nach Norden.

Anna (38) und ich (37).

Anna (44). Zum Anbeißen!

Anna (47) kann auch eine ernste Schönheit sein.

Anna (48). So sieht das Glück aus!

Anna (50). Kritischer Blick?

Anna (51).

Anna (51) an einem See.

Anna (54) in der Schule. Dieser Schnappschuss ist von einer ihrer Schülerinnen vor der Tafel gemacht worden. Man mag es nicht glauben: das ist kein Mädchen, keine Schülerin, sondern eine Frau von vierundfünfzig Jahren!

Anna (54). Wie kann eine Frau in diesem Alter so attraktiv sein
und noch so mädchenhaft wirken!

Anna (56) und ich (55).

Anna (57).

Anna (58) vor unserer Wohnzimmerwand.

Anna (58), rank und schlank wie ein junges Mädchen.

Anna (59).

Anna (60).

Anna (61).

Anna (61).

Anna (62).

Anna (64) im China-Restaurant.

Anna (66). Mit sechsundsechzig Jahren,
da fängt das Leben an ...

Anna (68) mit unserem ersten Enkelkind in unserem
Wintergarten.

Oma, ich hab dich lieb. Anna (70) mit Enkeltochter.

Anna (70) in unserer Küche.

Anna (70), sie steigt wie Susanna aus dem Bade!

Anna (71).

Anna (71) mit unserem zweiten Enkelkind beim Karneval in Köln. Wir haben einen der sogenannten Veedels-Umzüge besucht, das sind Karnevalsumzüge, die in einzelnen Ortsteilen von Köln stattfinden.

Anna (72).

Anna (73) kurz vor dem Ausbruch ihrer Krebserkrankung.

Anna (75) neben mir (74) nach Ausbruch des Krebses. Sie hat
alle ihre Haare verloren und trägt eine Perücke. Ihr Krebsleiden
ist der letzte Schicksalsschlag in ihrem Leben gewesen.

Anna (noch 78) in einem Straßencafé in Berlin (am Ku'damm).
Nach dem Abbruch der Chemotherapien hat sie wieder ein paar
eigene Haare bekommen. Dieses Foto ist fünf Monate vor
ihrem Tod entstanden.

Anna (gerade 79 geworden). Ihr Leiden geht zu Ende. Dies ist das letzte Bild vor ihrem Tod. Sie ist am 12. Oktober 2017 gestorben.

Felicitas 2011: Portrait ihres Opas

Zum Autor:

Rinus Ritter ist nicht mehr der Jüngste. Er hat in seinem Leben so manche Schramme abbekommen. Er hat aber auch wunderbare Zeiten erlebt. Viele dieser Lebensabschnitte kommen in seinen Büchern vor. In einigen seiner Bücher geht es um fiktionale Wahrheiten. Im vorliegenden Buch „Nach ihrem Tod" berichtet er über Erlebtes. Für den Leser außerhalb seiner Familie und seines Freundeskreises wird das wenig Bedeutung haben. Lesern, die ihn kennen, werden sicher viele Begebenheiten bekannt vorkommen. In diesem Buch versucht er, das Leben mit seiner großen Liebe Anna nachzuzeichnen und über das zu berichten, was sein Leben geprägt hat – vor und nach ihrem Tod.

Rinus Ritter
ERINNERUNGEN AN ANNA
BoD, 391 S., € 17,00
ISBN 978-3-7578-7274-8

Diese Erinnerungen sind eine Liebeserklärung und zugleich eine Lebensgeschichte: sechsundfünfzig Jahre meines Lebens mit Anna, die der Zufall mir beschert und das Schicksal mir genommen hat. Ich erzähle von einem Leben in guten, aber auch in schlimmen Zeiten. Immer jedoch von einem Leben voller Zuwendung, Liebe und Erfüllung. Was mir bleibt, ist an Anna als jenen wunderbaren und einzigartigen Menschen zu erinnern, der sie für mich, aber auch für andere gewesen ist. Nie ist mir ein liebenswerterer Mensch begegnet.

Rinus Ritter
LEBENSERFAHRUNGEN
BoD, 198 S., € 12,00
ISBN 978-3-7578-7275-5

Es hat ein Leben mit allen Höhen und Tiefen gebraucht, um diese Erfahrungen zu verfassen. Erfahrungen, in denen es um das größte Glück geht, das man erleben kann: die Liebe. Aber auch um großes Leid, das das Schicksal dann bereithält, wenn man es nicht erwartet. Leben und Sterben – zwischen diesen beiden Polen hat ein Leben stattgefunden, das man je nach Standpunkt als schicksalhaft schrecklich oder als himmlisch schön empfinden kann. Das Schöne dieser Erfahrungen sei zur Nachahmung empfohlen, das Schreckliche nur zum Hinnehmen.

Rinus Ritter
FRÜHER
BoD, 213 S., € 11,00
ISBN 978-3-7583-5980-4

Doris und Tobias begegnen sich zweimal in ihrem Leben. Beim ersten Mal sind sie noch sehr jung: Doris ist erst fünfzehn, muss aber bald erfahren, wie tief ihre Gefühle sind; Tobias ist siebzehn, er ist der ernstere Typ. Sie erleben ein gemeinsames Jahr erwachender Liebe, bevor sie sich trennen müssen. Dreißig Jahre später begegnen sie sich wieder. Sie haben beide eine Ehe hinter sich, in der sie unterschiedliche Erfahrungen machen mussten. Sich wieder zu finden, aus der alten eine neue Liebe werden zu lassen, ist nicht so einfach, wie Doris sich das gedacht hat.

Rinus Ritter
SAAT DES ZWEIFELS
BoD, 210 Seiten, € 10,99
ISBN 978-3-7583-3405-4

Als Götz die Buchhandlung verlässt, macht er eine Beobachtung, die seine Beziehung zu Lisa ein zweites Mal in Gefahr zu bringen droht: der Zweifel. Während er sich fragt, ob er vergessen hat, wie Lisa ist, während er beim Zweifel des Wissenschaftlers Rat sucht, entwickeln sich die Dinge in einer Weise, die zu einer handfesten Krise in ihrer Beziehung wird. Zweifel auf beiden Seiten führen dann zu Ausbrüchen aus ihrer Beziehung, zu Seitensprüngen, die für andere Paare das Ende ihrer Beziehung bedeuten. Auch für Lisa und Götz? In Rückbesinnungen stellen sie ihre bisherige Beziehung auf den Prüfstand.

Rinus Ritter
SEIN UND SCHEIN
BoD, 204 S., € 10,99
ISBN 978-3-7597-7385-2

In schwierigen Zeiten haben Paula und Robert sich ineinander verliebt. Nach einigen Jahren sehen beide eine gemeinsame Zukunft vor sich. Robert entstammt einer kinderreichen Familie. Paula lernt diese Familie kennen und möchte auch Kinder bekommen. Am Tag der Hochzeit beendet Paula jede Verhütung und wartet. Doch sie und Robert warten vergebens. Bei einer urologischen Untersuchung wird festgestellt: Robert kann keine Kinder zeugen. Ist der Traum einer eigenen Familie daher geplatzt? Müssen beide ihren Kinderwunsch aufgeben? Wie Paula und Robert damit umgehen, welche Alternativen sie durchdenken und welche abenteuerliche Lösung Paula findet, wird ihre Beziehung auf eine sehr harte Probe stellen.

Christian Rühenbeck
WIE GEHT FLIEGEN?
BoD, 252 S., € 12,99
ISBN 978-3-7578-3240-7

Sie sind am Fliegen interessiert, wundern sich über die Vielzahl von Erklärungen dazu und haben vielleicht von einer wissenschaftlichen Kontroverse gehört, die vor über 40 Jahren entstanden und bis heute nicht beendet ist? „Still, no consensus exists" wird 2020 in Scientific American geschrieben. Um zu einem künftigen Einvernehmen beizutragen, wird ein anderer Ansatz beschrieben, sich dem Phänomen Fliegen zu nähern; ein Ansatz, der Elemente enthält, die bisher in der Literatur nicht zu finden sind. Danach werden Sie nicht nur in der Lage sein, einen Gleiter so einzustellen, dass er garantiert fliegen wird, danach werden Sie auch verstehen, warum das so ist. Doch ohne die Wermutstropfen Physik und Mathematik wird es nicht gehen. Dazu ist das Fliegen, das selbst von Experten der Luftfahrt als hinzunehmendes Phänomen bezeichnet wird, eine zu komplexe Naturerscheinung.

Christian Rühenbeck
HOW TO FLY
BoD, 248 S., € 12,99
ISBN 978-3-7597-4499-9

You are interested in flying and wonder about the variety of explanations. Perhaps you have heard from a scientific controversy existing for more than 40 years, which is not completed: "Still no consensus exists", and was published in Scientific American in 2020. In order to reach a future agreement, another approach to the phenomenon of flying is described, an approach containing elements not previously been found in aerodynamic papers. Now you will be able to adjust a glider so that it is guaranteed to fly, and you will understand why. But without downing by physics and mathematics it will not work. Flying is even for aviation experts a too complex natural phenomenon.

Christian Rühenbeck
SCHRÄGE MATHEMATIK
und andere Pretiosen
BoD, 342 S., € 14,99
ISBN 978-3-7597-9323-3

Zu den vielen Irrtümern, die der Mathematik entgegengehalten werden, zählt der Vorwurf, sie sei in einer Weise fertig, die jede Art von eigenem Nachdenken, von eigener Initiative sinnlos werden lasse. „Bei der Interpretation eines Gedichtes fällt mir viel mehr ein als bei der Interpretation eines mathematischen Beweises", heißt es. Frage: Gibt es bei der Interpretation eines Gedichtes weniger Regeln zu beachten als bei der Interpretation eines Beweises? Ich denke, so mancher junge Mensch wird von dem, was der Deutschlehrer zu einer solchen Haltung meint, enttäuscht sein. Eines der Ziele des vorliegenden Buches ist jenes, zu zeigen, dass Mathematik keineswegs etwas Fertiges ist, dass es immer wieder Neues zu entdecken gibt – man muss sich vielleicht nur etwas mehr bemühen.